KB235524

트위터 만인보

트위터 만인보

트위터 만인보

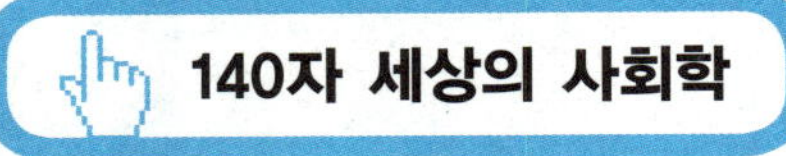

박형기 지음

알렙

✝ 국립국어원 외래어 표기 용례집에 따르면 'follow'는 '폴로'로, 'follower'는 '폴로어'로 적도록
정하고 있다. 하지만 이 책에서는 일반적으로 트위터에서 쓰이는 단어 표기를 따라
'팔로우'/'팔로어'로 적는다.

✝ 본문에 소개된 웹페이지 주소는 http://bitly.com/을 통해 축약된 주소이다.

✝ 본문에 게재된 QR코드는 스마트폰을 통해 관련 사진이나 동영상, 웹페이지에 접속이
가능하다.

깨어 있는 시민들의 광장에서

지금까지 트위터에 관한 책들은 많이 나왔다. 대개는 트위터가 무엇이며, 어떻게 활용하는지를 설명한 도구서들이다. 그런데 막상 이 땅에서 트위터가 어떤 문화를 담고 있는지 짚어본 책이나, 지금 트위터에서 무슨 일이 일어나고 있는지 총체적으로 접근한 경우는 없었다. 그렇기에 트위터를 처음 접하는 사람들은 낯선 세계의 문화에 적응하기가 쉽지 않았다.

트위터에서는 오프라인 세상과 전혀 다른 역사가 전개되고 있다. 트위터에서는 기존의 권위가 부정된다. 한국의 트위터러들은 정치적으로 반(反)한나라당, 경제적으로 반재벌, 종교적으로는 반기독교, 언론에 대해서는 반조중동(조선일보, 중앙일보, 동아일보) 성향이 강하다.

트위터러들은 한나라당이 민주주의를 후퇴시키고, 빈부 격차를 더 벌리고 있다고 본다. 정치적 민주화는 어느 정도 이뤘으나 경제적 민주화는 요원하고, 이를 가로막고 있는 세력이 재벌이라고 본다. 타 종교를 인정치 않는 개신교에 대한 거부감도 크다. 여론 왜곡을 일삼는 조중동 등 보수 매체에 대한 반감은 말할 필요도 없다.

이런 추이를 두고 트위터가 '좌파의 온상'이라고 비난하는 사람들도 있다. 하지만 필자는 '좌파의 온상'이 아니라 '깨어 있는 민주 시민의 놀이터'라고 본다. 트위터러들이 민주주의와 시장경제 자체를 부정하지는 않기 때문이다. 이들은 민주주의와 시장경제의 토대 위에서 더 나은 사회로의 진화를 모색하고 있을 따름이다.

트위터러들은 단순히 의식만 깨어 있는 민주 시민이 아니다. 강력한 무기를 획득한 시민이다. 트위터러들은 더 이상 언론이 필요치 않다. 트위터 자체가 언론이기 때문이다.

트위터러들은 2010년 6 · 2 지방선거와 2011년 4 · 27 재보선 때 매시간 투표율을 공유하며 투표를 독려했다. 어느 지역의 투표율이 낮다며 해당 지역 트위터러들에게 꼭 투표할 것을 권유했다. 결과는 야권의 압승이었다.

2010년 추석 연휴 첫날의 '서울 물난리' 때도 트위터는 타 매체를 압도했다. 침수 현장의 모습이 가장 빠르고 정확하게 트위터에 올라왔다. 재해 지역에 있던 수많은 트위터러들이 주변 상황을 트위터에 생중계했다. 덕분에 트위터러들은 일반 시민보다 빨리 홍수 상황을 파악하고, 재난 피해를 최소화할 수 있었다.

한지수 씨 석방(본문 160쪽), 홍대 사태 해결(본문 136쪽)도 트위터의 개가였다. 이 사건들은 발생 초기에 기성 언론에서는 거들떠보지도 않았지만 트위터에서는 이슈가 됐다. 결국 한지수 씨는 무사히 석방됐고, 홍대 청소·경비 용역 노동자들도 승리했다. 한복 착용자 출입 금지로 물의를 빚었던 신라호텔 사건(본문 155쪽)도 트위터에서 처음 이슈가 됐다.

트위터는 포털 사이트보다 한나절 빠르다. 사건의 당사자가 트위터에 직접 글을 올리기 때문이다. 이에 따라 최근 온라인 이슈는 트위터에서 이슈가 된 사건이 포털의 머리기사로 다뤄지는 패턴이 정착하고 있다.

트위터는 특유의 속보성과 응집력으로 정치·경제·사회·문화 전 분야에서 혁명적 변화를 이끌어 내고 있다. 지난 6·2 지방선거 때 기존 언론이 "트위터가 선거 결과를 바꾸었다."고 평가했을 정도다. 당시 트위터 이용자는 63만 명에 불과했다. 2011년 7월 현재 한국의 트위터 이용자는 420만 명이다. 2012년 총선과 대선 때는 더 많은 사람들이 트위터를 할 것이다. 여야를 불문하고 트위터 문화를 따라가지 못하면 필패할 것이다. 이제 트위터를 알지 못하면 안 되는 세상이 오고 있는 것이다.

이 책은 아직까지 트위터가 낯선 사람들을 위해 쓰인 것이다. 트위터에서 과연 무슨 일이 벌어지고 있는지가 궁금하다면 이 책을 보시라. 한나절이면 충분하다. 가장 쉽고 재미있게 트위터의 '콘텐츠'를 정리했다고 감히 자부한다. 또 이미 트위터를 하는 사람들에게도 유익한 정보가 될 것이다. 필자가 제시한 트위터 4대 키워드를 숙지하고 트위터를 하면 빠른 시일 내에 '파워 트위터러'가 될 수 있을 것이다.

이 책은 리트윗이 많이 발생한 사건을 중심으로 꾸몄기 때문에 일단 재미있다. 그냥 쭉쭉 읽어 내리면 된다. 화제의 사건을 중심으로 했지만 정치·경제·사회·문화 전 분야를 골고루 다뤘다. 따라서 관심 있는 분야를 중심으로 읽어도 된다. 그리고 되도록 많은 트위터러를 등장시키려 노력했다. 제목에 만인보(萬人譜)를 넣은 것도 이 때문이다. 독자 여러분이 주인공일 수도 있다. 이 책에서 자신의 트위터 아이디를 찾아보시기 바란다.

이 글은 《위키트리》에 '트위터 만인보—지금 트위터에서는 무슨 일이……'라는 제목으로 연재했던 것을 엮은 것이다. 트위터의 이슈들을 바로바로 기사화했기에 《위키트리》 기사가 곧 트위터의 역사라고 할 수 있다. SNS(Social Network Service) 중심 매체를 지향하며 출범한 《위키트리》는 창사 이래 지금까지 트위터에 집중해 왔다. 출범 당시 1년 이하 언론사는 포털에 뉴스를 공급할 수 없었기 때문에 더더욱 그럴 수밖에 없었다. 그 결과, 《위키트리》는 1년 만에 트위터에서 가장 영향력 있는 매체가 됐다.

필자는 지난 2년간 트위터에서 기사를 발굴해 작성하고, 이를 다시 트위터에 보내는 일을 해왔다. 또 매일 그날의 트위터 이슈를 정리하는 라디오 방송을 했다. 하루 24시간을 트위터와 함께 했다고 해도 과언이 아니다. 이제 어떤 기사가 트위터에서 통하는지 알게 됐다. 그리고 기사를 보면 리트윗이 어느 정도 일어날 것인지도 맞힐 수 있게 됐다. 이 책은 지난 2년간 필자가 트위터를 통해 겪은 일 중 핵심만 압축한 것이다.

필자는 묘한 인연으로 줄곧 최첨단 미디어에 근무해 왔다. 한국 최초의 온라인 미디어인《머니투데이》에 2000년부터 합류해 10년 동안 근무하고, 2010년에《위키트리》로 옮겼다.《머니투데이》에서는 온라인 총괄부장을,《위키트리》에서는 편집국장을 맡았다. 덕분에 온라인 문법과 트위터 문법을 익힐 수 있었다. 이 책에는 언론 변화의 최전선에 있었던 필자의 '인사이트'도 상당 부분 투영됐다. 언론의 미래에 관심이 있는 분이라면 참고할 만한 것이 있을 것이다.

필자는 트위터에 나온 이야기를 정리했을 뿐이다. 필자가 직접 생산한 것은 없다. 필자가 글에 사용한 것은 모두 트위터에서 비롯됐음을 밝힌다. 따라서 이 책의 인세는 전액 불우이웃돕기 성금으로 기부할 것을 약속한다.

이 책을 현재는 물론 미래의 대한민국 트위터러에게 바친다.

2011년 7월

박형기

:: 제1장 ::

대한민국 트위터 4대 키워드와 트위터발 3대 혁명

대한민국 트위터 4대 키워드

한국의 트위터를 4대 키워드로 요약하면 반권력, 친IT, 유머, 감동이다. 4대 키워드는 필자가 임의로 선정한 것이 아니다. 《위키트리》는 지난해 2월 2일 창간된 이래 2011년 6월까지 모두 1만 3000여 건의 기사를 트위터에 보냈다. 이중 가장 리트윗이 많이 발생한 100대 기사를 분석한 결과, 이 같은 결론에 도달했다. 리트윗 100대 기사를 살펴보면 반권력이 30%, 친IT가 15%, 유머와 감동이 각각 10%, 그리고 키워드로 요약할 수 없는 생활정보와 기타가 각각 20%, 15%를 차지하고 있다.

일단 트위터 이용자들은 보헤미안적 성격이 강하다. 자유를 추구한다. 따라서 반권력적이다. 정치적으로는 반MB, 경제적으로는 반재벌, 종교적으로는 반기독교, 언론에서는 반조중동 성향이 강하다.

독점적 지위를 누리는 것이면 무엇이든 경계한다.

그리고 IT 신기술에 민감하다. 트위터 이용자들은 한국의 대표적인 얼리 어댑터(early adapter)들이다. 이들은 국내에 출시되기 전부터 애플 아이폰과 아이패드에 지대한 관심을 보이고 여타 다른 IT 신제품, 모바일 기기에 관심이 높다.

트위터러들은 유머를 갈망한다. 이슈가 없을 때 트위터는 '집단 지성'의 공간이 아니라 '집단 만담'의 공간으로 바뀐다. '누가 더 잘 웃기나' 경쟁하는 것 같다. 트위터러들은 또 감동에 목말라 있다. 《위키트리》가 2010년 결산으로 트위터 10대 이슈, 트위터 10대 유머, 트위터 10대 감동 스토리 특집을 내보냈을 때, 가장 많은 리트윗과 클릭 수를 기록한 것은 이슈, 유머가 아니라 감동 스토리였다.

:: 키워드 1_ 트위터는 반권력을 지향한다

트위터는 정치적으로 반한나라당, '반MB'의 공간이다. 한나라당과 이명박 대통령은 트위터에서 맥을 못 춘다. 맥을 못 추는 것이 아니라 따돌림, 더 나아가 조롱의 대상이다. 진성호 의원에 대한 집단 블록(본문 42쪽), 정옥임 의원의 이집트 '사태' 발언(본문 44쪽), 이재오 특임장관의 태'국'기 사건(본문 46쪽), '오(5)세 훈이'라고 불리는 오세훈 서울시장에 대한 비판(본문 126쪽) 등 반한나라당 정서가 팽배하다. 이는 현 집권 세력이 빈부 격차를 더욱 벌리고, 한국의 민주주의를 후퇴시키고 있다고 보기 때문이다.

민주당에 대한 정서도 그렇게 좋지는 못하다. 천정배 의원과 김진애 의원 정도만 호평을 받을 뿐 대부분 환영받지 못한다. 민주당도 기득권 세력이라고 보기 때문이다. 이에 비해 이정희 민주노동당 대표, 노회찬 진보신당 전 대표 등에게는 호의적이다. 이들이 한국 사회의 변혁을 담보하고 있다고 보기 때문으로 풀이된다.

트위터에서 가장 인기 있는 정치인은 노무현 전 대통령이다. 트위터러들은 노무현 전 대통령이 역대 대통령 중 가장 청렴했고, 소박했으며, 민주주의를 제대로 구현했다고 본다. 그를 지켜주지 못한 부채 의식도 작용하는 것 같다. 그에 대한 기사와 사진 및 영상물은 언제든지 환영받는다.

경제적으로는 반재벌 성향이 강하다. 정치적 민주화는 어느 정도 이뤘으나 경제적 민주화는 달성하지 못했고, 그것을 방해하는 세력이 재벌이라고 보기 때문이다. 특히 삼성에 가혹하다. 3대 세습, 노조가 없는 점 등이 공격 대상이다.

트위터러들은 한국의 모바일 시대가 삼성 때문에 늦춰졌다고 여기고 있다. 삼성이 애니콜을 더 팔기 위해 아이폰의 한국 상륙을 조직적으로 방해했고, 아이폰이 한국에 늦게 들어옴에 따라 모바일 시대가 이웃 일본보다 한발 늦게 열렸다고 본다. 실제 인터넷 시대는 한국이 빨랐으나 모바일 시대는 일본이 빠르다. 모바일에 최적화된 트위터도 일본인들이 훨씬 많이 사용하고 있다.

MBC 이상호 기자가 '삼성 X파일' 폭로로 대법원에서 유죄 판결을 받았을 때, 그는 트위터러 10만 명이 자신을 팔로우해주면 삼성과 계속 싸우겠다고 선언했다. 그러자 하루 사이에 수천 명이 이상호 기자를 팔로우했다.

반조중동 정서도 강하다. 특히 《조선일보》에 대한 반감이 크다. 그냥 《조선일보》가 아니라 '조'에 'ㅅ' 받침을 붙여서 부른다. 일제강점기 때 일본 천황에게 충성을 맹세하는 《조선일보》의 신년사를 캡처한 사진(본문 113쪽)이 수시로 트위터에 올라온다. 조중동의 기사 왜곡 시리즈도 단골 메뉴다.

최근에는 KBS에 대한 반감도 강하다. KBS가 '김 비서(김인규 사장을 지칭)'의 약자라는 말도 있다. "난 KBS 기자지만 KBS을 안 본다."라는 KBS 기자의 고백(본문 68쪽)도 널리 회자됐다. 김재철 MBC 사장이 연임에 성공, PD수첩을 탄압하자 반MBC 정서도 고조되고 있다.

반기독교 정서도 뿌리 깊다. 다른 종교를 인정치 않고 자신의 교리만을 강요하는 배타성에 격한 반감을 보인다. 봉은사 땅밟기(본문 80쪽), 통도사 무너지게 해달라는 동영상은 많은 트위터러들의 분노를 샀다. 또 일본에서 대지진이 발생했을 때, 일부 유명 목사들이 일본이 하나님을 섬기지 않기 때문에 대지진이 발생했다는 뉘앙스의 발언을 해 트위터러들의 뭇매를 자초했다.

트위터 이용자들은 대한민국의 대표적인 얼리 어댑터들이다. 얼리 어댑터답게 IT 뉴스에 아주 민감하다. 《위키트리》가 집계한 리트윗 상위 100대 기사 중 IT 기사가 차지하는 비중이 무려 15%에 달한다.

'아이폰에 한국 공휴일 표시하는 법', '기업은행 전 영업점에서 아이폰 무료 충전 가능', '갤럭시탭 가격이 미국보다 비싼 이유', '아이폰에서 DMB 볼 수 있는 주소', '갤럭시탭까지 이어진 삼성의 카피캣 전략' 등의 기사가 리트윗 100위 안에 들었다. 이중 '아이폰에 한국 공휴일 표시하는 법'이라는 기사는 2,000여 개의 리트윗이 발생, 《위키트리》 전체 기사 중 리트윗 순위 4위에 오르는 기염을 토했다. '아이폰에서 DMB 볼 수 있는 주소'도 1,000여 개의 리트윗과 8만 건의 클릭수를 기록했다. 단순한 아이폰 어플 소개 기사도 수백 개의 리트윗과 수만 건의 클릭이 발생한다.

트위터러들은 IT 신제품에 열광한다. 애플의 아이패드가 한국에 처음 출시됐을 때, 트위터로 현장 상황을 중계했을 정도다. 신제품이 출시되면 IT 분야 파워 트위터러들이 사용 후기를 올린다. 트위터 이용자들은 이들의 사용 후기를 돌려보며 제품을 구매할 것인지 말 것인지를 결정한다. IT 전문가가 아니더라도 사용 후기를 올린다. 오히려 IT 문외한이 올린 포복절도할 아이폰 개봉기가 큰 인기를 끈 적도 있다. 신제품 출시 직후 트위터는 신제품 사용 후기 경연장으로 돌변

할 정도로 트위터러는 IT 뉴스에 민감하다.

트위터에는 아침 시간 간밤에 미국에서 나왔던 IT 소식을 요점만 정리해주는 파워 트위터러들이 많다. @estima7, @kwang82 등이 대표적이다. 이들은 간밤에 미국에서 나온 소식을 정리해 세계 IT 흐름을 한눈에 볼 수 있도록 해주기 때문에 큰 호응을 얻고 있다. 오후에는 국내의 IT 전문 기자들이 각종 IT 소식을 실시간으로 전한다. 트위터는 IT 뉴스를 가장 빠르게, 가장 널리 생산하고 소비한다. 이에 따라 IT 관련 기업들은 트위터러를 잡기 위해 각기 트위터 계정을 열고 실시간으로 트위터러들의 요구에 응대하고 있다.

트위터러들은 IT 신제품 중 아이폰과 아이패드에 특히 열광한다. 현대 IT 기술의 총화이기 때문이다. 아이폰과 아이패드의 정점에는 스티브 잡스가 있다. 트위터에서는 스티브 잡스를 잡스 형님, 잡스옹, 잡스느님(잡스와 하느님의 합성어), 교주 등으로 부른다. 트위터에서 가장 인기 있는 인물은 노무현 대통령을 뺀다면 단연 스티브 잡스다. 트위터 이용자들은 스티브 잡스의 와병설을 믿으려 하지 않을 정도로 그를 추종한다. 특히 스티브 잡스와 삼성 이건희 회장을 비교한 패러디(본문 94쪽)는 언제나 트위터러들의 환영을 받는다. 대부분 스티브 잡스를 영웅시하고 이건희 회장을 풍자하는 내용이다.

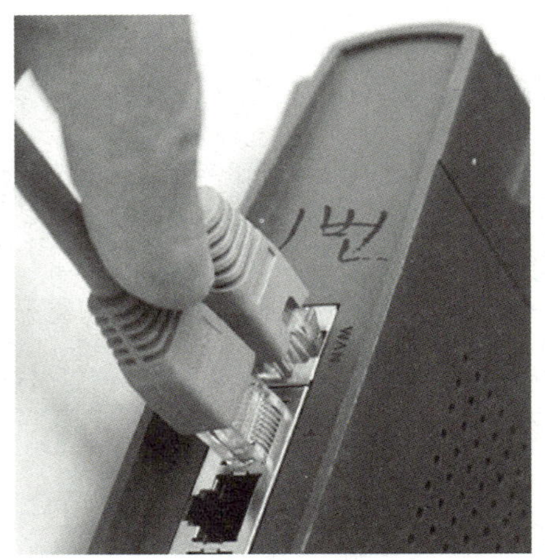

농협의 전산망에 대한 해킹이 북한 소행이라는 결정적 증거
〈출처: @jhlee1001〉

:: 키워드 3_ 트위터는 유머를 지향한다

이슈가 없을 때 트위터는 유머 천국으로 변한다. 트위터러들은 기본적으로 다소 무거운 정치·경제·사회 이슈에 관심이 많다. 그러나 유쾌하고 가벼운 것도 선호한다. 그렇다고 연예 뉴스를 좋아하지는 않는다. 오히려 포털의 연예 뉴스 홍수와 선정성에 반감을 가지고 있다. 그렇지만 유머는 언제나 환영하고, 특히 유머에 메시지가 담기면 대박이 난다. 출근길 유머, 퇴근길 유머, 오후 졸방용(졸림방지용) 유머, 자기 전 유머 등 시도 때도 없이 유머가 등장한다. 유머만 트위터에 올리는 트위터러들도 있다. @1000jae, @nonsanboy,

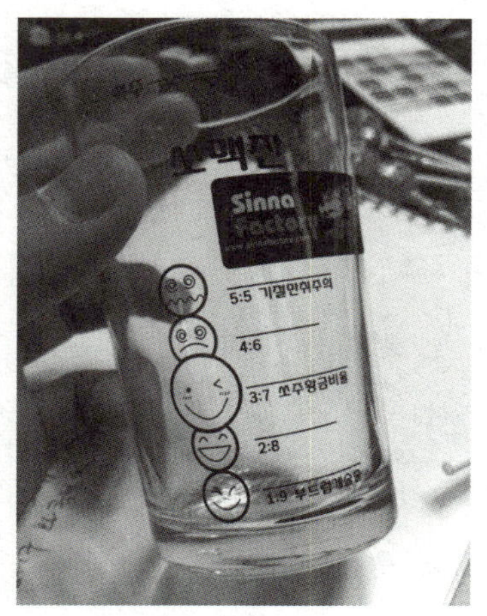

주당들의 필수품, 쏘맥잔
〈출처: @ganiiiiii〉

@ganiiiiii, @chundoong, @rokhwan, @ulchky 등이 그들이다. 엄청난 팔로어를 확보하고 있는 파워 트위터러들이다.

트위터 유머는 짧고 강력하다. 트위터 자체가 140자밖에 담지 못하기 때문에 짧고 강력해야 한다. 예컨대, 이런 식이다. "장소는 백화점, 매장 직원이 어느 노부부에게 '두 분은 얼마나 금슬이 좋기에 항상 손을 잡고 다니세요?' 그러자 남편이 말했다. '우리 집사람의 충동구매를 막는 방법은 이 길밖에 없어요…….'"

그러나 더욱 강력한 것은 시각물이다. 젊은이들은 읽는 것보다 보는 것을 선호한다. 이미 대세는 텍스트가 아니라 사진 및 동영상이다. 사진물이나 동영상은 텍스트보다 더욱 가슴에 와 닿기 때문에 반응이 훨씬 폭발적이다. 트윗픽(트위터 픽처)에 웃긴 사진과 함께 촌철

살인의 캡션(사진 설명)을 붙여 트위터에 올리는 형태가 가장 일반적이다. 여기에 메시지를 담으면 효과는 배가된다.

유머만 트위터에 올리는 파워 트위터러들은 각종 유머 게시판에서 이른바 '짤방'을 트위터에 퍼 나르며 트위터러들에게 웃음을 선물하고 있다. 짤방은 '짤림 방지'의 준말로, 사진이나 동영상 전용 게시판에 사진이나 동영상이 아닌 글을 올렸을 경우 삭제되는 것을 방지하기 위해 내용과 상관없는 사진이나 동영상을 올리는 것을 말한다. 관심을 끌기 위해 웃긴 사진을 올리기 때문에 대부분 폭소를 자아낸다. 최근에는 짤방만 모은 사이트도 나오고 있다. 짤방이 인기를 끌자 요즘은 '글에 첨부된 이미지를 통칭하는 말'로 어의가 확대되고 있다.

《위키트리》가 선정한 '2010 트위터 10대 유머'를 보면 트위터의 유머 코드를 짐작할 수 있다.

해당 기사 바로가기: http://bit.ly/hzlM0Z

:: 키워드 4_ 트위터는 감동을 지향한다

트위터러들은 또 감동에 목말라 있다. 감동 있는 사연은 언제나 환영받는다. 두 팔이 없지만 천상의 미소로 많은 트위터러의 심금을 울린 승가원의 태호 이야기(본문 106쪽), 불치병에 걸린 아이가 노숙자들에게 샌드위치를 주고 싶다고 해 이루어진 '브렌든(Brendan) 스토리'(본문 108쪽), 전 경북대 박찬석 총장의 "나는 꼴찌였다."(본문 108쪽) 등 가슴 뭉클한 사연은 언제든지 '통'한다.

《위키트리》가 2010년 결산으로 트위터 10대 이슈, 트위터 10대 유머, 트위터 10대 감동 스토리를 준비했을 때, 가장 많은 클릭 수를 기록한 것은 이슈, 유머가 아니라 감동 스토리였다.

해당 기사 바로가기: http://bit.ly/f1oEpl

필자는 유머가 가장 많은 클릭 수를 기록할 것이라고 예상했다. 그러나 예상을 깨고 감동 스토리가 가장 많은 클릭 수를 기록했다. 10대 유머는 1,000여 번의 RT가 나고 4만 1,000건의 클릭 수를 기록했다. 10대 감동 스토리는 1,400번의 RT에 6만 8,000건의 클릭을 기록했다. 특히 감동 스토리는 기성 언론사들이 기사를 받을 정도로 호평을 받았다.

트위터를 감동의 도가니로 몰아넣은 사연은 수도 없이 많다. 그러나 트위터 역사상 가장 많은 감동을 일으킨 사연은 단연 '고(故) 이태석 신부' 이야기다. 수단에서 봉사활동을 하다 대장암으로 48세의 나이에 숨진 이태석 신부 이야기는 감동의 물결이 아니라 감동의 쓰나미였다. 2011년 2월 4일 KBS에서 이태석 신부의 행적을 다룬 다큐멘터리 「울지마 톤즈」가 방영되었다. 이 영상물은 트위터를 눈물바다로 만들었다.

이태석 신부는 의사이자 신부, 음악인, 선생님으로서 그가 가진 재능의 마지막 한 톨까지 아프리카 수단에 쏟아 부었다. 그는 환자를 치료하고 병원을 짓고, 공동체를 건설하고, 학교를 짓고, 수단 사상 첫 35인조 브라스밴드까지 운영했다. 이로 인해 달라진 그곳 사람들의 삶이 다큐를 통해 생생하게 전달됐다. 특히 한센병 환자들에게 맞춤형 가죽 샌들을 만들어 주는 모습은 감동 그 자체였다. 그는 그럼에도 오히려 그들에게 많은 것을 배운다며 감사해했다. 「울지마 톤즈」는 우리가 얼마나 부끄럽게 살고 있는지 뼈저리게 느끼게 하는 강력한 고발 영화였다. 방송 이후 트위터는 고 이태석 신부 추모 글로 도배됐다.

이렇듯 트위터러들은 감동에 목말라 있다. 물질 만능의 현대 사회가 주는 고단함을 치유하는 데 '감동'만 한 것은 없을 터이다. 트위터러들은 오늘도 감동을 갈망하고 있다.

트위터발 3대 혁명

:: 트위터발 정치 혁명

트위터 인증샷 놀이가 선거 결과를 바꾸었다. 2010년 6·2 지방선거는 15년 만의 최고 투표율을 기록했다. 특히 젊은 층의 투표율이 급등했다. 트위터에서 투표 인증샷 놀이가 선풍적인 인기를 끌며 젊은 층 투표율 제고의 일등공신이 됐다.

6·2 지방선거에서 젊은 층의 투표율이 결정적 변수가 될 것이라는 사실이 알려지자 트위터러들이 움직이기 시작했다. 투표 인증샷 놀이는 투표 이틀 전인 5월 31일 오후 @xenoj가 처음으로 제안했다. 그는 투표를 마친 후 팔목에 기표 도장을 찍고 나와 팔목 사진을 인증샷으로 '#62vote'라는 해시태그(Hash tag. 트위터 이용자들이 서

로 팔로우하지 않고도 같은 해시태그를 가진 글을 모아 볼 수 있다.)를 붙여 트위터에 올리자고 제안했다. 이 제안에 대해 "멋지다", "재밌겠다", "나도 동참"이라는 멘션이 달리며 리트윗이 일기 시작했다.

여기에 《위키트리》가 인증샷 놀이를 다시 제안했고, 이 제안에 호응하는 리트윗이 크게 번지면서 일부 트위터러들은 "이왕이면 이벤트를 하라."는 역제안을 했다. 이에 《위키트리》가 트위터에 #62vote 해시태그와 함께 인증샷을 올리거나 《위키트리》 사이트에 인증샷을 올리는 참여자들에게 김을 선물하겠다고 공약했다. 이를 계기로 인증샷 놀이는 경품 이벤트로 진화했다.

마침내 미술가 임옥상 씨(@oksanglim)가 트위터를 통해 "6·2 지방선거에 투표하신 20대 여러분 중 선착순 1,000분께 제 판화를 드리겠습니다."는 글을 올리며 "투표소 앞에서 찍은 사진을 트위터를 통해 저에게 보내주시면 자동으로 신청된다."고 밝혔다. 이후 문화·예술계를 중심으로 경품 약속이 쏟아졌다. 탤런트 권해효 씨가 7월 예정된 공연 「러브레터」에 10쌍의 커플을 초대하겠다고 했고, '바둑 황제' 이세돌 씨가 선착순 100명의 신청자들과 기념사진을 찍고, 사인을 해주겠다고 했다. 작가 박범신 씨는 친필 사인이 담긴 신작 장편소설 『은교』 10권을, 배우 안석환 씨는 연극 「웃음의 대학」 입장권 100장을, 시인 안도현 씨는 신작 시집 『연어 이야기』 30권을 내놓겠다고 약속했다. 이들뿐이 아니었다. 일반 시민들의 동참도 이어졌다. "선착순 10명에게 개인 명함을 무료로 만들어주겠다."는 디자이너, "무료로 종합검진을 해주겠다."는 병원 원장, "스케일링을 공짜로 해

이외수 씨의 투표 인증샷
〈출처: @oisoo〉

주겠다."는 치과 원장, "직접 만든 빵을 보내드리겠다."는 제과점 주인 등이 등장했다.

반응은 즉각적이고 열광적이었다. 특히 유명 연예인들이 인증샷 놀이에 동참하자 이를 본 트위터러들이 본격적으로 움직이기 시작했다. 인기배우 박진희 씨를 시작으로 개그맨 정종철, 가수 김창렬, 소녀시대 윤아, 방송인 김제동 등 톱스타들이 줄줄이 인증샷을 올렸다. 여기에 한국의 트위터 대통령이라고 할 수 있는 소설가 이외수 씨도 인증샷에 동참했다. 그 파급력은 상상을 초월했다. 유명인들의 인증샷을 본 트위터러들은 너도나도 인증샷 놀이에 동참했다. 이날 하루 종일 '투표 인증샷'이 트위터를 뒤덮었다.

인증샷 놀이의 절정은 만삭의 임산부였다. 선거일 이른 아침 투

만삭 임산부의 투표 인증샷
〈출처: @6sungjin〉

표장에 나와 인증샷을 올렸던 임산부가 투표 직후에 병원으로 실려
가 아이를 순산하고 그 아이 사진까지 트위터에 올린 것. 산모의 남
편인 @6sungjin(현재는 @barunsori6)은 선거 당일인 2일 오전 8시께
"자 투표하고 셋째 아현이 출산하러 왔습니다. 투표하고 출산하는
첫 엄마가 아닐까요?"라는 트윗과 함께 두 장의 사진을 올렸다. 부인
이 만삭의 몸을 이끌고 투표장에 나온 모습과 병원에 입원한 모습이
었다. 약 2시간 후에 @6sungjin은 "투표하고 출산하러 온 우리 부부
에게 셋째 딸 아현이가 건강하게 나왔습니다. 감사해요. 오!"라는 트
윗을 다시 날렸다. 그리고 막 출생한 딸의 사진도 첨부했다.

필자는 이를 곧바로 기사화했다. "이걸 보고도 투표하지 않으면
사람도 아닙니다."라는 멘션을 붙여 트위터에 날렸다. 이 트윗은 엄
청난 속도로 번졌다. 모두 1,000여 건의 리트윗이 발생했다. 선거 인
증샷 관련 기사 중 가장 많은 리트윗과 클릭 수를 기록했다.

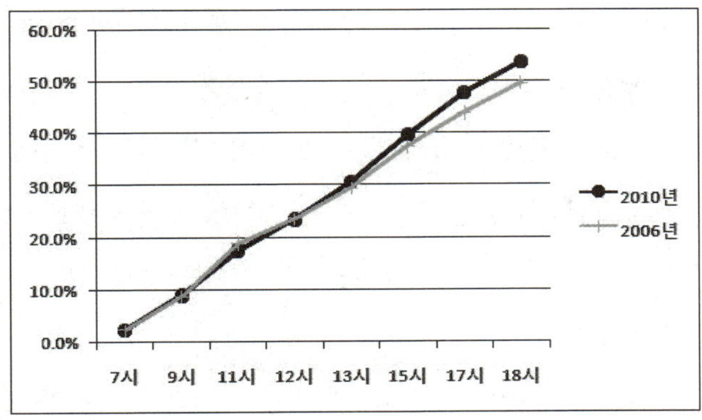

〈서울 지역 투표율 시간대별 변화 추이〉

    오전 중 저조했던 투표율이 정오를 지나면서 서서히 고개를 들기 시작했다. 지난 2006년 실시된 지방선거 당시를 밑돌던 투표율이 오후에 들면서 급격하게 높아졌다. 급기야 오후 4시 기준 투표율이 2006년 지방선거 당시 1시간 뒤인 오후 5시 투표율을 훌쩍 넘어서는 지역이 속출했다. 트위터러들은 시간대별 투표율을 실시간으로 주고받으면서 "조금만 더하면 됩니다.", "아직도 투표 안 하신 분 빨리 투표장으로."라며 투표를 독려했다.

    오후 들어 투표장에 젊은 유권자들의 모습이 눈에 띄게 늘었다는 트윗이 나오기 시작했다. 실제 투표율도 높아졌다. 6·2 지방선거 전국 투표율은 54.5%였다. 지난 2006년 지방선거 투표율 51.6%를 2.9%p 상회했다. 특히 서울(53.8%), 인천(51.0%), 경기(51.8%) 지역은 지난 지방선거 투표율을 4~5%p 뛰어넘는 수준을 보였다. 트위터 사용자가 상대적으로 많은 수도권에서 투표율이 지난 선거보다

4~5%p가량 더 높은 것은 트위터가 투표율 제고에 크게 이바지했음을 잘 보여준다.

3일 선거 결과가 나오자 가장 눈에 많이 띄는 기사가 트위터 관련 기사였다. 《중앙일보》는 "트위터 인증샷이 젊은 층의 투표율을 높였다.", 《한겨레신문》은 "트위터가 선거 결과를 바꾸었다."는 제목을 각각 뽑았다.

선거 이틀 후인 4일 이번 선거에 대한 트위터러의 촌평 중 가장 인상적인 트윗이 올라왔다. 트위터 아이디 @parkhyungjoo는 "트위터는 이번 지방선거에서 영향력 있는 매체로 자리매김한 것이라기보다는 '즐길 수 있는 공간'으로 재탄생했다고 생각합니다. 트위터에서 떠들면서 투표를 종용하고 비판하고 설레발치는 것 자체를 즐겼습니다. 이번 선거는 트위터가 있어 이긴 것이 아니라 트위터가 있어 즐거웠습니다."

6·2 지방선거 당시 한국의 트위터러는 63만 명에 불과했다. 그럼에도 이 같은 변화를 가져왔다. 2011년 7월 8일 현재 트위터 사용자는 420만 6,070명으로 400만 명을 넘어섰다. 2012년 총선과 대선 때는 더 많은 사람들이 트위터를 할 것이다. 누가 트위터를 잡느냐에 따라 선거의 승패가 결정되는 시대가 온 것이다.

최근 대기업들의 가장 큰 화두는 트위터 등 SNS 홍보다. 트위터가 어떤 매체보다 빠르고 파급력이 크기 때문이다. 실제 트위터에서 시작돼 엄청나게 파문이 커진 사건이 속출하고 있다.

대표적인 것이 신라호텔 뷔페 레스토랑 한복 출입 금지 사건이다. 2011년 4월 12일 트위터에, '한복을 입었다는 이유로 신라호텔 뷔페 레스토랑(파크뷰)에 들어가지 못한다.'는 트윗이 올라왔다. 이날 밤 8시께 트위터 아이디 @joynzuui는 "제가 존경하는 한복디자이너 담연 선생님(영화 「스캔들—조선남녀상열지사」, 「쌍화점」 의상을 제작한 이혜순 씨)의 전화를 받았습니다. 늘 단아한 한복 차림으로 우리옷의 아름다움을 전파하시는 담연 선생님이 신라호텔 파크뷰에서 한복 입장을 거절당했답니다. 지배인에게 물으니 한복이 위험한 옷이라서 트레이닝복과 함께 입장불가하답니다."라고 밝혔다.

트위터러들은 이 같은 소식을 듣고 "일제 강점기 식민지 백성 출입 금지를 연상케 한다." 등의 비난 트윗을 쏟아냈다. 김주하 MBC 기자(@kimjuha)는 "이상하다 못해 신기할 지경", 배우 김여진 씨(@yohjini)는 "혹 신라호텔 레스토랑에서 누가 밥 사준다고 할까 봐 미리 하는 고민. 장덕 의녀 버전으로 갈 것인가? 정순왕후 버전으로 갈 것인가?"라는 트윗을 날렸다. 개그맨 이병진 씨(@malbbalra)는 "신라호텔에서 클럽 정모를 한번 할까 합니다. 일요일 낮에 점심이나 먹죠. 다들 한복 입고 오세요."라는 글을 올렸다. 트위터러들은 "저도 동참", "약속 꼭 지키세요.” 등의 멘션을 달며 엄청난 리트윗을 했다.

트위터에서 이슈가 되자 다음 날 주요 언론들도 나섰다.《경향신문》등이 이를 추종 보도하자 이튿날 오전 ‘신라호텔’이 네이버 검색어 2위에 올랐다. 신라호텔은 사태가 걷잡을 수 없이 확대되자 13일 오후 4시께 공식 사과문을 냈다. 트위터러의 공격에 신라호텔이 24시간도 못 돼 백기를 든 순간이었다.

트위터가 무조건 대기업에 비판적인 것은 아니다. 오히려 트위터의 덕을 톡톡히 보고 있는 대기업도 있다. 트위터를 가장 잘 활용하고 있는 기업인은 박용만 두산 그룹 회장(@solarplant)이다. 그는 트위터를 잘 활용해 개인의 이미지는 물론 기업의 이미지도 높이고 있다. 그는 트위터에서 ‘콩만’ 회장님으로 불린다. 그가 박용만 회장이 아니라 바콩만 회장으로 불리게 된 사연은 이렇다. 한 트위터러(@eukiss98)가 박용만 회장에게 인사를 하면서 ‘바콩만’ 회장님이라는 오타를 냈다. 순식간에 이 멘션은 입소문을 타고 널리 퍼졌다. 이후 트위터러들은 그를 콩만 회장님 또는 콩만 아저씨라고 부르게 됐다. 박 회장도 이를 흔쾌히 받아들였다. 근엄한 대기업 총수 박용만에서 소탈한 트위터 친구 바콩만으로 거듭난 순간이었다.

그는 재치 있고 소탈한 트윗으로 11만 명의 팔로어를 확보해 기업인 중 가장 많은 팔로어를 가지고 있다. 예컨대 한 직원이 “회장 아저씨 일찍 일어나는 비법이 뭐세요? 좀 알려 주세요.”라고 하자, 그는 “빨리 늙으세요.”라고 대답했다. 또 “아침에 회의가 두 개나 있다.”는 직원의 푸념에는 “얌마! 넌 졸병이니까 구석대기서 멍때릴

박용만 두산 그룹 회장의 트위터 프로필 사진
〈출처: @solarplant〉

수나 있지. 난 회의마다 전원이 나를 째려본다 ㅜㅜ 코 파고 싶어도 못 파는 신세."라는 익살스러운 대답을 했다. 트위터러들은 박 회장의 이런 재미있고, 인간적인 트윗에 열광하고 있다. 그는 특히 자신의 풍만한 배를 드러낸 사진이나 눈을 동그랗게 뜨고 익살스러운 표정을 지은 사진을 트위터에 올려 대기업 회장이 아닌 이웃집 아저씨 같은 이미지를 트위터러들에게 각인시켰다.

그러던 중 두산의 해군 고속정 엔진 납품 비리 의혹 사건이 터졌다. 오프라인에서는 박용만 회장과 두산 그룹에 대해 비판적이었다. 그러나 트위터에서는 전혀 다른 상황이 전개됐다. 트위터러들은 트위터를 통해 박 회장을 지켜봤기 때문에 그가 직접 지시하지는 않았을 것이라고 믿었다. 트위터러들은 오히려 "힘내시라."는 응원 트윗을 보냈다. 그는 이에 대한 답례로 "걱정해 주시고 좋은 말씀들 정말 감사합니다. 원칙대로 잘 처리하겠습니다. 그리고 분에 넘치게 베풀어 주신 정에 오늘 하루 종일 몸둘 바를 몰랐습니다. 좋은 모습을 보여드리지 못하고 시끄럽게 해서 참으로 죄송합니다."라는 트윗을 날렸다.

물론 박 회장에게 두산 계열에서 운영하고 있는 중앙대(학내 사찰로 물의를 빚은 적이 있다)에 대해 어떻게 생각하느냐는 등의 곤란한 질문을 던지는 트위터러도 있다. 그러나 대부분의 트위터러들은 박 회장의 솔직하고 위트 넘치는 트윗을 좋아하고, 이에 따라 두산의 이미지도 친근하게 바뀌었다. 이렇듯 트위터를 어떻게 이용하느냐에 따라서 기업의 이미지가 좋아지기도 하고 나빠지기도 한다.

한국의 트위터러들은 기본적으로 반재벌적 성향이 강하다. 재벌들이 경제 민주화에 소극적이라고 보기 때문이다. 그러나 트위터러들이 무조건 대기업을 비판하는 것은 아니다. 대기업의 상품도 마찬가지다. 삼성의 신제품은 애플의 카피캣(copycat, 모조품)이라고 폄하하지만 아이폰과 아이패드에는 열광적인 지지를 보낸다. 트위터러들은 제품이 좋으면 널리 알리고 나쁘면 서슴지 않고 불매 운동을 제안한다. 아무리 광고 기법이 발달해도 최고의 광고는 가장 원시적인 마우스 투 마우스(mouth-to-mouth), 즉 입소문이다. 트위터는 한마디로 입소문의 공간이다. 자신의 팔로어에게 자신의 경험담을 자연스럽게 전할 수 있다. 팔로어와 팔로이는 서로 신뢰 관계로 묶여 있기 때문에 팔로이가 말하는 것은 팔로어에게 대부분 통한다. 입소문이 증폭될 수 있는 구조다.

그런데 기존의 입소문과 다른 게 있다. 입소문이 순식간에 퍼진다는 점이다. 기존의 입소문은 시차를 두고 퍼졌다. 그러나 트위터는 리트윗으로 인해 순식간에 퍼진다. 100여 회의 리트윗만 나도 트위터에서 이슈가 되고, 이슈가 되면 대부분 행동이 나온다. 좋은 입소문이 나면 구매로, 나쁜 입소문이 나면 불매 운동으로 이어진다. 불매 운동으로 이어질 경우, 기업들은 굴복할 수밖에 없다.

최근 트위터의 힘이 커지면서 각 기업의 홍보팀들은 SNS 홍보를 공부하는 데 여념이 없다. 특히 소비재 산업의 경우, 입소문이 가장 중요하기 때문에 SNS 홍보를 강화하기 위해 노심초사하고 있다. 앞으로 기업들은 트위터러들과 좋은 관계를 맺지 못하면 생존하기 힘들 것이다.

:: 트위터발 언론 혁명

트위터는 언론을 필요로 하지 않는다. 트위터 자체가 언론이기 때문이다. 실제 언론을 거치지 않고 트위터에서 여론을 형성해 요구를 관철시킨 경우가 속속 나오고 있다. 대표적인 것이 하나금융지주의 외환은행 인수를 사실상 무산시킨 사건이다.

금융위원회는 2011년 5월 12일 론스타의 외환은행 대주주 적격성에 대한 판단을 법원 판결 때까지 연기하기로 했다. 따라서 하나금융의 외환은행 자회사 편입 승인도 미뤄지게 됐다. 이에 앞서 외환은행 노조는 트위터를 통해 하나금융지주의 외환은행 인수 부당성을 집중적으로 선전했다. 외환은행 노조는 노조의 소리에 귀 기울지 않는 기성 언론을 제치고 트위터를 통해서 직접 국민을 만났다.

기존 언론사는 하나금융지주의 외환은행 인수를 반대하는 외환은행 노조의 광고마저 거절할 정도로 외환은행 노조를 철저히 외면했다. 하지만 트위터는 그렇지 않았다. 예전에 노동운동은 언론을 움직여야 했다. 언론을 움직여야 여론이 움직이기 때문이다. 그러나 이제는 언론을 움직일 필요가 없다. 트위터 자체가 언론이기 때문이다. 이제 트위터를 이용, 여론을 직접 움직이면 된다.

최근 뉴스의 생산과 소비도 크게 바뀌었다. 이제 대중은 뉴스를 소비만 하지 않고 생산도 한다. 앨빈 토플러가 간파한 대로 뉴스 시장에도 생산과 소비를 함께하는 '프로슈머(prosumer)'가 등장한 것이다. 예전에 대중은 매스미디어의 뉴스를 일방적으로 소비하기만 했다. 그러나 인터넷 출범 이후 대중은 언론사와 쌍방향 소통을 하면서 뉴스의 생산에도 관여하기 시작했다.

트위터는 이보다 더 나간다. 트위터가 인터넷과 결정적으로 다른 것은 이제 대중은 미디어를 거치지 않고 자신이 직접 뉴스를 생산하고 유통시킨다는 점이다. 외환은행 노조의 예에서 볼 수 있듯이 트위터러들은 뉴스를 직접 생산하고 트위터를 통해 유통시킨다. 이제 언론이 필요 없어진 것이다.

① 탁월한 속보성

트위터의 가장 큰 특징은 어떤 매체보다도 뉴스가 빠르다는 점이다. 사건의 당사자가 직접 트윗을 올리기 때문이다. 예컨대 엄기영 전 MBC 사장이 퇴임할 때, 트위터에서는 전날 이 사실이 알려졌다. 트위터 아이디를 추적한 결과, MBC 관계자가 문제의 트윗을 처음 올렸다. 이 트윗이 나간 지 하루 만에 엄기영 사장은 사임을 정식으로 발표했다. 신라호텔 사건도 사건 당사자의 지인이 그 내용을 트위터에 올려 알려졌다. 언론은 다음날에서야 이를 다루기 시작했다. 지난해 추석 연휴 서울 물난리 때, 가장 먼저 홍수 상황을 보도한 것도 트위터였다. 서울 물난리는 재해 지역 주변에 있던 트위터러들이 주변 상황을 트위터에 올리기 시작하면서 알려졌다.

② 정확성

트위터의 정보는 대부분 정확하다. 이것도 사건의 당사자가 트위터에 직접 글을 올리기 때문이다. 만약 잘못된 정보를 올리면 트위터에서 영향력이 감소하기 때문에 트위터러들은 정확한 정보를 올리려 노력한다. 설령 그 정보가 틀렸더라도 집단 지성으로 보충해 간다.

트위터는 자신의 명예를 생명처럼 여길 수밖에 없는 구조다. 바로 팔로어 때문이다. 트위터를 하는 사람치고 팔로어가 줄기를 바라는 사람은 단 한 명도 없을 것이다. 모든 트위터러의 염원이 팔로어가 느는 것이다. 팔로어가 느는 만큼 자신의 영향력이 커지기 때문이다. 팔로어를 늘리는 가장 좋은 방법은 빠르고 정확하고 유용한 정보를 많이 올리는 것이다. 쓸모없는 정보, 잘못된 정보를 자주 올리면 팔로어들이 떠난다. 그러면 영향력이 준다.

또 트위터는 완성된 정보의 공간이 아니다. 트친(트위터 친구)들과 함께 완성된 정보를 만들어 가는 공간이다. 예컨대, 어떤 정보가 나오면 그 정보가 정확할 경우, 이를 리트윗을 하며 널리 공유한다. 그러나 틀린 부분이 있을 경우, 바로 답글을 통해 시정을 요구한다. 그러면 맨 처음 정보를 올린 트위터러는 문제의 정보를 다시 한 번 확인하고 이를 다시 트위터에 날린다. 이 같은 과정이 여러 번 반복될 때도 있다. 이른바 '집단 지성'이 작동하는 것이다.

③ 폭발적인 확산성

트위터가 다른 매체와 결정적으로 다른 것은 뉴스를 생산하고 유통시킬 수 있는 채널을 갖고 있다는 점이다. 트위터가 나오기 전에도 독자들은 뉴스를 생산하고 유통시킬 수 있었다. 독자들은 각종 인터넷 게시판이나 블로그를 통해 뉴스를 생산했다. 그리고 게시판 회원들이나 블로그 방문자들에게 이 뉴스를 유통시킬 수 있었다. 그러나 이것은 수동적 유통이었다. 회원들이 들어와서 봐주기만을 기다려야 했다. 그러나 트위터가 생긴 이후 능동적인 유통을 할 수 있게 됐다.

트위터 이용자들은 모두 팔로어를 가지고 있다. 이 팔로어가 강력한 유통 채널이다. 그들은 자신이 쓴 단문 뉴스나 맘에 드는 언론사 기사를 링크해 자신의 팔로어들에게 뿌린다. 예컨대, 자신의 팔로어가 1,000명이라면 1,000명에게, 1만 명이라면 1만 명에게 동시에 트윗이 전달된다. 게다가 트위터에는 리트윗이라는 폭발적인 장치가 있다. 내용이 좋다면 리트윗이 순식간에 이뤄진다. 100여 회의 리트윗만 발생해도 웬만한 트위터러들은 모두 보게 된다. 눈 깜짝할 사이에 뉴스가 퍼지는 것이다.

④ 무제한적인 커버리지

트위터의 진정한 가치는 기존의 미디어가 커버하지 못하는 곳까지 커버할 수 있다는 점이다. 신문이나 방송 등 기존의 전통 매체는 이른바 '커버리지(coverage, 매체 도달 범위)'의 한계를 가지고 있다. 그러나 트위터는 커버리지의 한계가 없다.

'2080 법칙'이라고도 부르는 '팔레토 법칙'을 적용한다면 신문과 방송 등 기존의 미디어가 우리 사회를 커버할 수 있는 범위는 20% 정도에 그칠 것이다. 나머지 80%는 신문·방송에서 접근조차 어려운 게 현실이다. 이 80%의 공백을 메우는 것이 트위터로 대표되는 소셜 미디어다. 대중은 이제 전통 언론 매체를 통하지 않고 자신들의 이야기와 정보를 다른 사람에게 직접 전달한다.

대표적인 사건이 '서울 물난리'다. 2010년 9월 21일 추석 연휴를 맞아 공공기관과 언론사가 휴식의 단꿈에 빠져 있을 때, 수도권에는 예고 없이 폭우가 쏟아졌다. 수도권은 곧바로 재난 상태에 빠졌다. 그러나 엄청난 폭우가 몇 시간째 쏟아지고 있음에도 어느 방송사도 재난 방송을 하지 않았다. 이때 유일하게 현장 상황을 전달한 매체가 트위터였다.

　현장 주변에 있던 트위터러들이 재해 상황을 알리는 트윗과 사진을 트위터에 올리기 시작했다. 트위터는 순식간에 재해 관련 트윗과 사진으로 또 다른 홍수를 이뤘다. 특히 재해 관련 사진은 기존의 언론사보다 훨씬 생생하고 다양했다. KBS나 MBC, 3대 일간지 등 거대 미디어에서도 사회부 사건 담당 기자들은 20여 명에 불과하다. 이들이 모든 현장을 커버할 수는 없다. 그러나 트위터러들은 수도권 전역에 퍼져 있다. 따라서 다양한 사진이 나올 수밖에 없다. 그리고 현장감도 훨씬 뛰어났다. 전문 기자가 찍은 사진보다 완성도는 떨어진다. 그러나 트위터러들은 현장에 있었기 때문에 훨씬 생생한 사진을 찍을 수 있었다. 언론사 기자들이 현장에 도착했을 때는 물이 많이 빠진 뒤였다. 스마트폰 등 각종 첨단 기기로 무장한 트위터러들은 80%의 공백을 훌륭하게 메우고 있다.

　필자는 이 책의 머리말에서 트위터러들을 '깨어 있는 민주 시민'이라고 정의했다. 게다가 이들은 제4의 권력이라는 언론까지 확보하고 있다. 트위터는 지금껏 그래 왔듯이 앞으로도 한국 사회의 변혁을 이끄는 핵심 매체가 될 것이다.

:: 제2장 ::

인구 400만,
또 하나의 대한민국 보고서

한나라당의 고민:
트위터와 어찌 친해질꼬?

 # 장면-1_ 진성호 의원 트위터에서 퇴출되다

진성호 한나라당 의원(@SUPERJIN1)이 트위터의 지존인 이외수 씨를 공격했다가 트위터에서 퇴출된 일이 있었다.

진성호 의원은 2010년 10월 5일 자신의 트위터에 "원산지 허위 표시로 BBQ가 압수수색 당하자 뒤늦게 자신이 BBQ 홍보맨이었음을 고백한 이외수 씨. 국내서 가장 많은 트윗 팔로어를 이용, 일종의 돈벌이를 한 셈. 미국선 트위터로 대학생 자살, 한국선 작가가 트위터 돈벌이. 말세다."라며 이외수 씨를 비난했다.

이외수 씨는 진성호 의원의 이 같은 트윗을 리트윗하며 "진성호 한나라당 국회의원의 트윗입니다. 국회의원도 아마추어가 있군요.

쓸쓸합니다.”라고 응수했다.

　이외수 씨가 BBQ를 선전한 것은 트위터러들에게 새삼스러운 일이 아니었다. 앞서 이외수 씨는 “왜 BBQ를 선전하느냐.”는 트위터러들의 항의성 질문에 수시로 “BBQ의 광고 수익금은 전액 불우이웃돕기 성금으로 나간다.”고 설명했다. 이외수의 팔로어치고 이를 모르는 사람은 거의 없었고, 오히려 “좋은 일 하신다.”며 칭찬을 했다. 특히 이외수 씨는 자신의 트위터에 “제가 한 달에 4번 BBQ에 대해서 언급하면 BBQ측서 광고료 1,000만 원을 제게 지급합니다. 저는 그 돈을 가난한 농촌 청소년들에게 전액 기증합니다.”라며 광고 금액까지 명확히 밝혔다.

　진성호 의원의 공격이 계속되자 이외수 씨는 “드디어 국회의원을 필두로 한 ‘외진요(이외수에게 진실을 요구함)’ 등장이군요.”라며 “이분 계속 멘션 올리고 계시는데 어처구니가 없는 내용들입니다. 의정 활동과 개콘 활동을 혼동하고 계시는 건 아닐까요?”라고 불편한 심경을 드러냈다.

　트위터러들도 “‘외진요’ 맞네요. ‘타진요’랑 다를 게 없네요.”, “국회의원씩이나 하는 양반이……”, “진성호 기부 한번이라도 해 봤을까? 일단 기부하고 토론하자.” 등의 비난 트윗을 쏟아냈다. 트위터러들은 더 나아가 진 의원에게 사과를 요구했다. 그러나 진 의원은 사과를 하지 않았다. 이에 트위터러들은 집단 블록으로 진 의원을 응징했다. 결국 진 의원은 트위터에서 한동안 퇴출됐다. 블록은 특정 트위터러를 차단하는 기능으로 한꺼번에 집단으로 블록을 받으면 트위터 계정이 정지된다.

당시 진 의원은 트위터 등 뉴미디어를 총괄하는 한나라당 디지털 위원장이었다. 진 의원이 뉴미디어에 밝기 때문에 디지털 위원장에 임명됐을 터이다. 그런 그가 트위터에서 퇴출되는 굴욕을 당한 것이다.

장면-2_ 정옥임 한나라당 원내대변인의 이집트 '사태' 발언

한나라당 원내대변인 정옥임 의원(@o_chung)이 2011년 2월 12일 자신의 트위터에 이집트 '사태'라는 단어를 써 구설에 올랐다.

정옥임 의원은 "이집트 사태는 끝이 아니라, '시작'입니다. 새로운 시작을 알리기에는 물적, 정신적, 문화적 토대가 허술한 듯하여 우려됩니다."라는 트윗을 날렸다.

이를 본 @baltong3은 드라마 「시크릿 가든」의 현빈 대사를 패러디 해 "이집트 '사태'?! 최선의 표현입니까? 확실해요?"라고 물었다. @baltong3은 민주노총 대변인인 정호희 씨다. 정옥임 의원은 정호희 대변인의 이 같은 지적에 "노동존중사회를 위해 종사하는 분 같은데요, 헌법에 보장된 저의 '표현의 자유'에 대해 논하지 마시기 바랍니다."라고 대답했다.

정호희 씨는 이에 "한나라당 원내대변인께서 이집트 '사태'라고 해서 적절한 표현인지 물었더니 '표현의 자유'라고 하네요. 흠… 표현의 자유 찐하게 함 맛보실텨?!"라는 트윗을 날렸다. 정호희 씨

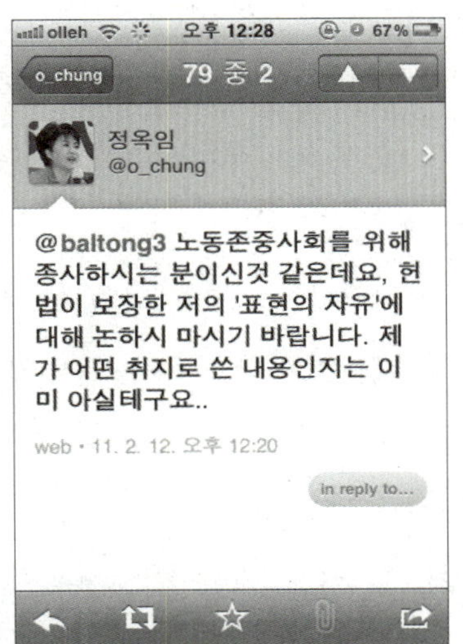

정옥임 의원이
정호희 민주노총 대변인에게
날린 트윗

는 4만 3,000여 명의 팔로어를 확보한 파워 트위터러다.

정호희 씨의 트윗을 본 트위터러들은 곧바로 정옥임 의원을 공격했다. 트위터러들은 "독재자가 물러난 것이 사태다. 이것이 명색이 한나라당 원내대변인의 인식", "이집트가 사태라면 광주 민주화 운동도 사태지요?", "이분도 널리 이름 좀 알리고 싶었나 보다." 등의 비난 트윗을 쏟아냈다.

정옥임 의원은 "이집트 사태라는 표현 때문에 멘션이 홍수. 이집트 민주화라 표현하지 않았다는 이유로 별별 비난이 난무하고 있습니다. 거의 마녀사냥 수준이네요. 몇몇 진보 언론에서 이집트 사태라 표현한 것은 문제가 안 되는데 한나라당 원내대변인이 써서 문제라는 것인가 봅니다."라고 응수했다.

사실 이집트 상황은 여러 가지로 표현할 수 있다. '민주화'가 꼭 정답이 아닐 수도 있다. 혁명, 봉기, 항쟁, 민주화 등등 여러 표현을 쓸 수 있다. 단, 독재자 무바라크가 물러났기 때문에 '사태'라는 표현은 적절치 않다.

정옥임 의원이 곧바로 사과했으면 별 문제 없이 넘어갔을 것이다. 그러나 그는 '표현의 자유'를 들먹였다. 트위터러들은 이런 불통의 자세에 격분해 분노의 트윗을 날렸다.

더 압권은 다음이다. 정호희 민주노총 대변인은 이튿날 다음과 같은 트윗을 남겼다. "지금 확인하니 제 트위터를 블록하셨네요. 참나… 딱 두 번 보낸 멘션을 감당 못하면서 무슨 소통… 허허."

장면-3_ 이재오 특임장관 태'국'기 사건

이재오 특임장관이 2011년 3·1절을 맞아 태극기를 달자는 멘션을 하면서 태'국'기라고 표기해 구설에 휘말렸다. 이 장관은 2월 28일 자신의 트위터를 통해 "민호(이 장관의 아들)야 내일 3·1절이다. 또 태국기 오후에 달고 망신당하지 말고 일어나자마자 달아라. 태국기 달아놓고 다시 잠자라."라는 멘션을 날렸다. 이에 대해 트위터 이용자들은 "국어 선생님 출신이라는데, 맞춤법도 모르냐."며 항의했다. 문제의 멘션은 한때 리트윗 1위를 기록하기도 했다. 트위터 이용자들은 "이 멘션 오늘 RT 천 개 이상은 돌파하겠넹… 부럽고!",

“태국의 국기?”, “그건 ‘민호’가 아니라 ‘닉쿤’에게 전해야 할 듯.” 등의 비난을 퍼부었다. 이에 이 장관은 문제의 멘션을 수정했다.

사실 이재오 장관의 오탈자는 충분히 용인 가능한 수준이다. 필자도 자주 오타를 냈다. 명색이 언론사 트윗인데도 말이다. 트위터에서 오타는 병가지상사다. 만약 천정배, 이정희 등 트위터에서 지지도가 높은 정치인이 오타를 냈다면 “의원님 요즘 피곤하신가 봐요.” 등의 덕담을 하며 넘어갔을 것이다. 그러나 트위터러들은 이재오 장관에게 냉혹했다. 평소 트위터러들이 이 장관에 대해 갖고 있던 감정 탓이다.

이명박 대통령은 트위터러들이 반감을 갖고 있는 대표적 정치인이다. 그런데 이 장관은 그의 최측근이다. 태국기 사건은 ‘평판 리스크’가 작용한 대표적인 경우이다. 사실 진성호 의원도 ‘평판 리스크’가 작용한 경우이다. 만약 그가 BBQ 사건 이전에 인심을 얻고 있

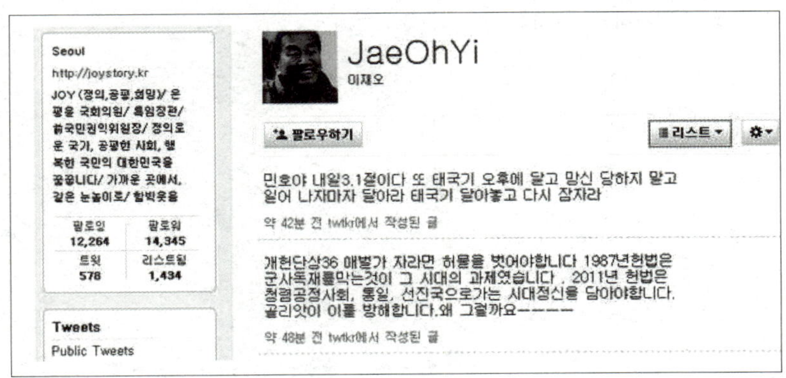

이재오 특임장관의 트위터 화면

었다면 집단 블록까지는 당하지 않았을 것이다.

한나라당이 트위터에서 외면 받는 이유는 소통을 하지 않기 때문이다. 4대강 하지 말라면 안 하는 시늉이라도 해야 한다. 그런데 더욱 강력하게 밀어붙인다. 소통이 아니라 불통을 선택한 것이다. 이런 자세를 가지고는 트위터를 안 하는 것이 오히려 이롭다. 괜히 트위터를 했다가 구설에 오를 이유가 무엇인가?

여권에서 가장 효과적으로 트위터를 운영하고 있는 트위터러가 @saunakim이다. @saunakim은 김철균 청와대 뉴미디어 비서관이다. 그에게도 반정부 트윗이 작렬하지만 성심성의껏 응대한다. 오해가 있으면 해명을 하고, 잘못을 지적하면 개선을 위해 노력하겠다고 답한다. 이로 인해 대부분 트위터러들은 김철균 비서관의 의견에 공감하지 않더라도 그의 성실성과 진정성을 인정한다. 한나라당이 이 같은 진정성을 보여주지 못한다면 트위터에서 자리 잡기 힘들 것이다.

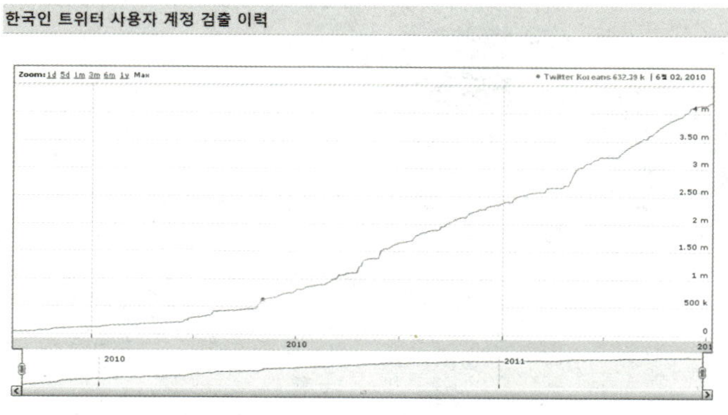

오이코랩 추산 트위터 이용자 증가 추이

사실 트위터로 소통 안 해도 그만이다. 그러나 2012년 총선과 대선을 앞두고 있다. 2010년 6 · 2 지방선거 때 야권이 승리했다. 그러자 도하 신문들은 일제히 "트위터가 선거 결과를 바꿨다."라는 제목을 뽑을 만큼 트위터의 영향력을 높이 샀다. 당시 한국의 트위터 이용자는 63만여 명에 불과했다. 트위터 이용자를 집계하는 오이코랩(oikolab)에 따르면 2011년 7월 8일 트위터 이용자는 420만 명을 돌파했다. 1년 사이에 6배가 넘게 커진 것이다. 내년 총선과 대선 때는 더 많은 사람들이 트위터를 할 것이다.

트위터에서 가장
인기 있는 정치인은 누구일까?

 노무현 대통령이 자살한 지 2년, 트위터는 지금도 노무현 대통령에 대한 추모 열기가 뜨겁다.

그는 역대 어떤 대통령보다 청렴했고, 서민적이었으며, 소박했다. 그리고 어떤 대통령보다 민주화에 대한 투철한 의식을 가지고 있었다. 무엇보다 노무현 대통령은 "정직하게 살아도 출세할 수 있다는 것을 보여주고 싶었다."던 그의 말처럼 평생을 불의와 타협하지 않고 원칙을 지켰다. 세상은 지금도 힘 있는 사람들에 의해 원칙 자체가 흔들리고 있다. 트위터러들은 노무현의 '원칙'을 그리워하고 있다. 게다가 그를 지켜주지 못한 부채 의식도 있다. 트위터에서는 "이런 대통령을 다시 모실 수 있을까."라는 멘션이 자주 등장한다.

:: '군필 대통령' 노무현 동영상 열풍

북한의 연평 도발 이후 노무현 전 대통령의 인기는 최정상이었다. 틈만 나면 보복, 응징을 외치는 현 정권의 수뇌부가 모두 군 미필이어서 '군필 대통령'에 대한 향수는 더욱 강했다. 특히 노무현 전 대통령이 군대 선배를 만나는 동영상과 자주 국방을 역설하는 동영상이 화제를 모았다. 군대 선배를 만나는 동영상은 "저 형이 내가 일병일 때 상병이었는데, 사람이 좋아 '빠따'를 안 때렸다."고 말해 폭소를 자아냈다. 노무현 특유의 소박함이 트위터러의 눈물샘을 자극했다.

또 "전시 작전권 회수 없이 어떻게 자주 국방을 말하느냐."는 사자후는 소름이 돋았다. 노무현 대통령은 2006년 민주 평통 자문회의 상임위원회에서 '전시 작전 통제권 환수'와 관련해 전작권 회수를 미루자는 세력에게 "부끄러운 줄 알아야지."라고 직격탄을 날렸다.

현 집권 세력은 보복, 응징을 말하지만 전작권 회수를 반대했다. 전작권 회수를 늦추자는 그들이 보복을 운운하는 것은 자가당착이다. 전작권이 있어야 제대로 응징을 할 수 있기 때문이다. 북한의 연평 도발은 대한민국 보수 세력의 '바닥'을 드러낸 사건이었다. 그런 상황에서 노무현 전 대통령의 자주 국방에 대한 연설은 트위터러들에게 엄청난 카타르시스를 선물했다.

'군필 대통령' 동영상 바로가기: http://bit.ly/b19TPz

'자주 국방' 대통령 연설 동영상 바로가기: http://bit.ly/oqwAV6

'독도는 우리 땅' 연설도 크게 회자됐다. 2006년 4월 일본의 해상보안청 순시선 한 척이 독도와 울릉도 사이의 배타적 수역을 침범했다. 노무현 전 대통령은 4월 25일 '한일 관계에 대한 대통령 특별 담화문'을 발표했다. 그는 담화문에서 "일본 정부가 잘못을 바로잡을 때까지 전 국가적 역량과 외교적 자원을 모두 동원하여 지속적으로 노력해 나갈 것입니다. 그밖에 필요한 모든 일을 다 할 것입니다. 어떤 비용과 희생이 따르더라도, 결코 포기하거나 타협할 수 없는 문제이기 때문입니다."라고 밝혔다.

이에 비해 이명박 대통령은 독도 문제와 관련, '지곤조기(지금은 곤란하다. 조금만 기다려 달라)' 시비에 휘말렸다. 2008년 7월 일본에서 한·일 정상회담이 있었다. 일본 최대 발행 부수를 자랑하는 《요미우리신문》은 이 회담에서 후쿠다 총리가 "일본 교과서 해설서에 다케시마를 표기하지 않을 수 없다."고 통보하자 이명박 대통령은 "지금은 곤란하다. 조금만 기다려 달라."고 답했다고 보도했다.

청와대는 "오보다. 일본 외무성도 인정했다."고 해명했다. 그러나 2010년 3월 17일 《요미우리신문》은 우리 법원에 "사실에 입각한 보도였다."고 서면 답변을 했다. 우리 국민 1,866명이 《요미우리신문》을 상대로 '정신적 피해 손해배상 청구 소송'을 진행했고, 이에 대해 《요미우리신문》은 서면으로 "오보가 아니었다."고 밝힌 것이다.

《국민일보》는 그해 3월 9일 《요미우리신문》이 "MB의 독도 발언

지곤조기 머그컵.
뜨거운 물을 채우면
'지금은 곤란하다 조금만 기다려달라.'
라는 문구가 나온다.
〈출처: 딴지매점〉

은 사실"이라는 서면 답변을 법원에 제출한 것을 특종 보도했다. 이 기사에는 인터넷 역사상 최다인 약 40만 개의 댓글이 달렸다. 누리꾼들은 지금도 이곳을 찾아 정부의 저자세 외교를 비판하는 댓글을 달고 있다. 패러디 신문《딴지일보》에서 운영하는 딴지매점(shop.ddanzi.com/)은 '지곤조기 머그컵'을 개발, 판매해 화제가 되기도 했다.

:: 프로필 사진이 노무현으로 넘쳐났던 노무현 1주기

2010년 5월 23일은 노무현 전 대통령 서거 1주기였다. 1주기를 맞아 트위터가 노무현으로 물들었다.

트위터러들은 노무현 전 대통령 1주기를 맞아 자신의 프로필 사진을 노무현 전 대통령 사진으로 바꾸는가 하면 일부는 서울 광장 추모식을 실시간으로 중계했다. 노무현 전 대통령 기일 약 1주일 전부터 프로필 사진 바꾸기는 진행됐다. 프로필 사진 바꾸기는 서거 1주기인 23일 정점에 달했다. 트위터러들은 자발적으로 자신의 프로필 사진을 노무현 전 대통령 사진으로 바꾸고, 이를 완수했다는 트윗을 날렸다.

風雅(twinkleahn) · 약 1분 전
@dogsul 노무현 1주기 기념전 작가별 작품1
http://twitpic.com/1ogtc8
TwitBird iPhone에서 작성된 글

tarnia(tarniaru) · 약 2분 전
@dogsul 저요저요저요!!!
dogsul님 글에 대한 답글(TwitBird iPhone)

KIM/SEONGYEON MS(SEKIM1004) · 약 2분 전
@dogsul 바꿨습니다.~ 업무중이라 손은 못들구요...^^
web에서 작성된 글

Lee. MinWoo(thinkmaker) · 약 3분 전
@dogsul 이사진 어떤까요? 지금 사진은 너무 슬퍼요
http://twipl.net/W5y
립트윗에서 작성된 글

Sukun Choi(choisukun) · 약 3분 전
@dogsul 예전에 몰에 새긴 노 전대통령님의 모습을 프로필사진
으로 했습니다!
dogsul님 글에 대한 답글(TwitBird iPhone)

Sunny_Kim(phachon) · 약 4분 전
@dogsul 저요~ 저! 바꿨습니다.
dogsul님 글에 대한 답글(web)

권동문(nunadly) · 약 4분 전
손~~~~~~!!!!!!!RT @dogsul: '노무현 추모 주간(5월17일~5
월23일)'을 맞이해 플필 사진을 고 노무현 전 대통령 사진으로
바꾸신 분~~~ 손!!! 하고 외쳐 보세요~~~

노무현 전 대통령의 자전거 타는 사진, 초상화, 자이툰 부대 방문 사진, 캐리커처 등 다양한 시각물이 트윗픽을 도배했다.

파워 트위터러인 @dogsul(시사인 고재열 기자)은 "서울 광장에 촛불이 보입니다. 이게 얼마 만인가요? 미국에서 흑인들은 버스 좌석에 못 앉았던 시절까지 후퇴한 우리 민주주의가 오늘 하루 잠깐 정상으로 되돌려졌습니다."라는 트윗을 날리며 서울 광장 실황을 생중계했다. 역시 파워 트위터러인 @mediamongu는 봉하마을 추모식과 부산 추모 콘서트 현장을 생중계했다.

현장에 가지 못한 트위터러들은 추모 트윗을 올렸다. 트위터 아이디 @hangulo는 "지켜드리지 못해서 미안합니다. 하지만 당신의 뜻은 영원히 지키겠습니다. 나의 영원한 대통령. 노무현."이란 트윗을 날렸다. @hangulo뿐만 아니라 수많은 트위터 이용자들이 저마다 추모의 글을 남겼다. 그날 트위터는 노무현 이외에 아무것도 없었다. 2주기인 올해 5월 23일에도 노무현 대통령에 대한 추모 열기는 전혀 수그러들지 않았다.

파워 트위터러인 @doax는 "트위터에서는 고 노무현 대통령이 고노무 현 대통령을 압도하고 있다."는 촌평을 날렸다.

오늘 분위기 살라고
일부러 이 길을 잡았어.

근데 오면서 보니까
사이, 이 길을 옛날엔
그냥 시멘트 마구 발라
놓았는데,

다 치우고 돌로 새로
다 깔았어.

대통령이 처음에 오면
이거 못 고쳐요.

왜냐하면 처음에 와서
자기가 있을 곳이기
때문에

돈을 들여서 뭘 한다는
것이 주저가 돼요.

그래서 떠나는 사람이
고칠 거, 돈 들어갈
일을 다 해주고

비행기도, 전용기도
주문을 해 놓으려고
했는데

지난번 국회에서 그게
기각돼 버렸어요.

비행기는 지금
주문하면 아마 다음
대통령 마지막… 한 해
정도

아니면 그 다음 다음
대통령 가야 되거든.
그런 것들 준비하고…

근데 비행기를 내가 못
해 놓고 가게 돼서
무척, 좀 섭섭해요.

노무현 전 대통령이
다음 대통령에게
해주고 싶었던 것.

트위터는 반재벌의 온상

트위터는 반재벌의 공간이다. 정치적 민주화는 어느 정도 이뤘으나 경제적 민주화는 달성하지 못했고, 그것을 방해하는 세력이 재벌이라고 보기 때문이다. 특히 삼성에 가혹하다. 한국 재벌의 총화가 삼성이기 때문이다. 3대 세습, 노조가 없는 점 등이 공격 대상이다.

트위터러들은 또 애플 아이폰의 한국 상륙이 삼성 애니콜 때문에 늦어졌다고 믿고 있다. 삼성이 애니콜을 더 팔기 위해 아이폰의 한국 상륙을 조직적으로 방해했으며, 이로 인해 한국의 모바일 시대가 늦어졌다고 판단하고 있다. 실제 한국은 이웃 일본보다 빨리 인터넷 시대에 진입했지만 모바일 시대는 늦었다.

삼성에 대한 반감은 애플에 대한 사랑으로 이어지고 있다. 애플의 신제품에는 광분하지만 삼성 신제품은 스티브 잡스가 조롱한 대로 '카피캣'이라며 평가절하한다. 갤럭시S2가 출시됐을 때, 일본에서도 호평이 나왔다. 당시 일본 누리꾼들은 왜 일본에는 "삼성처럼 '모조품'을 만드는 회사마저 없느냐."며 일본 업체의 분발을 촉구했다. 그러나 한국 트위터러들은 냉담했다.

:: 삼성 갤럭시S 구매 장사진 기사는 '뻥'이다

삼성이 트위터에서 굴욕을 당한 사건은 '삼성 갤럭시S 구매 장사진 뻥' 기사였다. 사건의 전말은 이렇다. 2010년 6월 21일 오스트리아에서 갤럭시S가 출시되자 제품을 구입하려는 사람들로 인산인해를 이뤘다는 기사가 전 신문을 도배했다. 삼성전자가 보도 자료를 배포했고, 대부분 언론이 보도 자료를 그대로 받아썼다.

그러나 이는 사실이 아닌 것으로 판명됐다. 한 교포가 오스트리아 현지 신문을 인용, 사실이 아님을 증명했다. 오스트리아 현지 언론은 삼성이 50대의 갤럭시S를 경품으로 내걸자 사람들이 인산인해를 이뤘다고 보도했다. 그런데 국내 언론은 삼성의 보도 자료만 믿고 오스트리아 소비자들이 갤럭시S를 사기 위해 장사진을 치고 있다고 보도한 것이다.

이 같은 소식이 트위터에 알려지자 트위터러들은 "삼성의 볼모가 된 언론이 더 문제다." "국제적 망신이다." "언플(언론 플레이)은

 [NTN포토] 삼성 '갤럭시S', 오스트리아 출시 '인산인해' 서울신문 연예 | 36분전
출시된 '갤럭시 S'를 구입하기 위해 구매자들이 아침부터 길게 줄을 서고 있다. 사진=삼성전자 '갤럭시 S' 오스트리아 비엔나 A1 매장 judi@seoulntn.com 별난 세상 별난 뉴스(nownews.seoul.co.kr) [ ]
네이버 | 관련기사 보기

 삼성전자 '갤럭시S' 오스트리아 출시 데일리경제 | 2010.06.21 (월) 오후 12:20
[데일리경제] 6월 18일(현지시간) 오스트리아 1위 이동통신사업자 A1을 통해 출시된 삼성전자의 안드로이드폰 '갤럭시S'를 구입하기위해 장사진을 이루고 있다. 오스트리아 비엔나에 위치한 A1 Mariahilferstrasse매장에...
관련기사 보기

 [포토] 삼성전자 '갤럭시S', 오스트리아 출시 현장 투데이코리아 IT/과학 | 2010.06.21 (월) 오후 1:55
Open(08:00) 1시간 전, 오스트리아 제 1위 사업자인 A1 를 통해 출시된 갤럭시 S를 구입하기위해... 1위 사업자인 A1 를 통해 출시된 갤럭시 S를 구입하기위해 오스트리아 비엔나에 위치한 A1 Mariahilferstrasse,...
관련기사 보기

 오스트리아 '갤럭시S' 판매장, 줄서기 진풍경 머니투데이 IT/과학 | 2010.06.21 (월) 오후 2:27
A1의 매장 앞에 갤럭시S를 구입하려는 현지 소비자들이 아침부터 줄을 서고 있는 모습. 오스트리아에서 삼성전자 스마트폰 '갤럭시S' 시판이 시작되자, '갤럭시S'를 조금이라도 먼저 사려고 모인 사람들로 매장앞은...
네이버 | 관련기사 보기

 "갤럭시S 주세요"… 오스트리아 매장 '문전성시' 경향신문 IT/과학 | 2010.06.21 (월) 오후 3:00
오스트리아 1위 이동통신 사업자인 A1을 통해 18일(현지시간) 출시된 삼성전자의 최신 스마트폰 '갤럭시S'를 구입키 위해 오스트리아 비엔나에 위치한 A1 매장에 구매자들이 아침부터 길게 줄을 서고 있다. 삼성전자는...
네이버 | 관련기사 보기

갤럭시S 구매 열풍 기사
〈출처: 네이버 뉴스 캡처〉

삼성이 세계 최고." 등의 비아냥을 쏟아냈다.

삼성에 대한 반감은 삼성 불매 운동으로 이어지고 있다. 트위터에서는 삼성 불매 RT를 자주 볼 수 있다. 일각에서는 삼성 제품 쓰지 않고 1년 버티기에 도전하는 트위터러들도 나오고 있다. 무엇보다 최근 가장 눈에 띄는 반삼성 움직임은 MBC 이상호 기자(@leesanghoC)의 '트위터 전사 10만 확보 운동'이다. '삼성 X파일' 폭로 기사로 대법원에서 유죄 판결을 받은 MBC 이상호 기자는 2011년 3월 19일 다음과 같은 글을 트위터에 올렸다.

"빗속을 걷다 꿈꿔봅니다. 〈10만 명〉의 열혈 팔로어만 함께 한다면, 삼성에 재갈 물린 언론의 사명, 끝장을 볼 수 있을 텐데. 삼성 노동자가 만든 스마트폰으로 이건희 일가를 깨우쳐주는 꿈! 함께 해

주실 분 없나요? 무한 RT 부탁해요!!"

이 트윗은 실제로 무한 RT가 났다. 그리고 하루 사이에 3,000명 이상이 이상호 기자를 팔로우했다. 6월 10일 현재 이상호 기자는 1만 7,000여 명의 팔로어를 확보하고 있다. 이상호 기자가 10만 팔로어를 확보할 수 있을까?

:: '소비도 이념으로 하나'— 정용진 vs 문용식 트위터 배틀

2010년 10월 28일 신세계 정용진 부회장(@yjchung68)과 나우콤 문용식 대표(@green_mun)가 트위터에서 한바탕 설전을 벌였다. 특히 문 대표가 정 부회장에게 기업형 슈퍼마켓(SSM)에 대해 반말조의 비판을 해 논쟁에 불을 붙였다.

정 부회장은 28일 밤 자신의 트위터에 신세계 임직원 복지 혜택 확대 관련 기사를 소개하며 "직원들이 사랑하는 회사가 될 수 있도록 앞으로도 계속 전진"이라는 글을 남겼다. 이에 문 대표는 "슈퍼 개점해서 구멍가게 울리는 짓이나 하지 말기를. 그게 대기업이 할일이니?"라는 트윗을 올렸다. 그러자 정 부회장이 곧바로 "나우콤 문용식 대표님이 저에게 보내신 트윗입니다. 마지막 반말하신 건 오타겠죠?"라고 응수했다. 이에 문 대표는 "오타는 아니구여."라고 의도적으로 반말조의 비판을 올렸음을 시인한 뒤 "중소기업 입장에서 순간 화가 나서 한 말이지여. 피자 팔아 동네 피자가게 망하게 하는 것

정용진 부회장과 문용식 대표의 설전 트위터 화면

이 대기업이 할 일이냐구여? 주변 상권은 다 붕괴시키면서 회사 직원 복지만 챙기면 되는 거냐구여?"라고 거듭 날을 세웠다.

정 부회장은 "이분 분노가 참 많으시네요. 반말도 의도적으로 하셨다네요. 네이버에서 이분 검색해보니 그럴 만도 하세요."라며 과거 문 대표의 구속 이력을 끄집어냈다.(문 대표는 학생운동 등으로 구속된 전력이 있다.) 문 대표는 이에 "신세계 정용진 부회장이 내 관련 글을 자기 6만여 팔로어들에게 전부 RT하고, 네이버 검색해서 과거 감옥 갔다 온 이력까지 충실히 소개해준 덕분인지, 잠자고 일어나보니 팔로어가 200명이나 늘어 있네여. 정 부회장 고마워!"라고 또 반말을 했다.

정 부회장이 "아무리 왼쪽에 서 계셔도 분노는 좀 줄이도록 하세요. 사회가 멍듭니다."라고 지적하자 문 대표는 "정 부회장님, 이런 걸 적반하장이라고 하지여. 사회가 멍드는 건 소시민의 분노 때문이 아니라 재벌 대기업을 비롯한 기득권층의 탐욕과 부패 때문입니다."라고 지지 않았다. 그리고 문 대표는 "민주화로 인해 가장 혜택을 받은 것이 재벌이다. 그전 재벌들은 정치 자금을 바쳐야 했으나 지금은 그렇지 않다. 이 사실을 안다면 자숙하라."고 재공격했다.

이후 두 사람은 모두 사과했다. 문 대표는 "반말을 한 것은 유감."이라고 밝혔고, 정 부회장은 "제가 부족했다."고 말했다. 그러나 "민주화의 최대 수혜자는 재벌"이라는 문 대표의 주장이 많은 트위터러의 공감을 얻으며 문 대표의 판정승이라는 평가가 우세했다. 그리고 이들의 논쟁은 이것으로 끝나는 듯했다.

:: **시골의사, 이마트를 저격하다**

정용진 vs 문용식 트위터 배틀의 종결자는 제3자였다. 시골의사로 더 널리 알려진 박경철 씨(@chondoc)였다. 같은 해 11월 19일 시골의사는 자신이 진행하는 라디오 프로그램인 '경제포커스'에서 신세계 정용진 부회장 일가를 정면으로 고발했다.

이마트에 독점적으로 피자를 공급하는 업체가 바로 정용진 부회장의 여동생인 정유경 씨의 회사라는 것. 이 업체는 원래 조선호텔 소속이었으나 분사했고, 이 과정에서 사실상 정유경 씨 개인 회사

〈출처: 경제포커스 홈페이지〉

로 바뀌었다. 정유경 씨의 지분이 45%다. 지분이 45%면 사실상 개인 회사다. 이는 조선호텔이 수익을 낼 수 있는 사업을 사주 가족에게 분할해줘 기존 주주의 이익을 침해했고, 이마트 역시 사주의 동생이 운영하는 업체에 독점적으로 사업권을 줌으로써 경쟁 납품의 기회를 박탈한 것이다. 따라서 조선호텔과 이마트 양사의 이익을 대주주 가족에게 양도한 셈이다.

앞서 정용진 부회장은 문용식 대표 등 트위터러들의 피자 사업 비판에 대해 "싼값에 좋은 피자를 공급하는 것이 무엇이 문제냐, 소비도 이념으로 하느냐."며 반박했다. 이른바 '이념적 소비' 논쟁이었다.

시골의사의 고발은 '이념적 소비' 논쟁을 일거에 잠식시켰다. 싼값에 좋은 피자는 명분일 뿐 사실은 사주 이익의 극대화가 이마트 피자의 진실이라는 사실이 드러났기 때문이다. 트위터 이용자들은 박경철 씨에게 '이마트 논쟁 종결자'라는 별명을 붙여주었다.

이렇듯 트위터는 반재벌의 공간이다. 트위터 등 SNS 시대가 열리면서 기업들도 SNS 홍보에 나서고 있다. 그러나 트위터에서 대기업의 트윗은 잘 통하지 않는다. 워낙 반재벌 정서가 강하기 때문이다. 대기업이 트위터에서 진정한 소통을 원한다면 경제 민주화 요구에 먼저 귀를 기울여야 할 것이다.

트위터에 조중동은 없다

2010년 5월 10일, 작지만 의미 있는 '사건'이 일어났다.《조선일보》가 트위터에서 퇴출된 것이다.《조선일보》가 야심차게 준비한 조선비즈(실시간 경제 뉴스 서비스)가 이날 창간을 하고 '트위터 생중계창' 서비스를 시작했다. 조선비즈는 '#Chosunbiz'라는 해시태그를 개설하고, 이 태그를 통해 올라온 글들을 자사 홈페이지에 게시하는 트위터 생중계창을 마련했다.

조선비즈가 이 같은 서비스를 시작하자 트위터 이용자들은 #Chosunbiz 해시태그를 달고 《조선일보》를 비난하는 글을 올리기 시작했다. 곧바로 조선비즈의 트위터 생중계창은 《조선일보》를 비

난하는 글로 도배됐다. 트위터 이용자들은 "소설 좀 그만 쓰고 기사
좀 쓰세요. 소설가들은 뭘 먹고 살라고 만날 소설만 써 댑니까?", "조
선일보 직원들은 아마도 자기 자식들에게 지들이 쓴 기사를 보여주
지 않을 듯…" 등의 글을 올렸다.

특히 이날은 《조선일보》가 촛불시위 2주년 특집을 마련한 날이
었다. 《조선일보》는 1면에 '광우병 촛불 2년 그때 그 사람들은 지금'
이라는 시리즈를 통해 "촛불 소녀 한채민 양, 무대에서 읽은 편지는
모두 시민단체가 써준 것", "아줌마 부대, 인터넷 루머에 속았다는
느낌… 그때는 눈에 뭔가 씌었던 것 같아" 등의 기사를 실었다. 이는
트위터러들을 더욱 자극했고, 조선비즈의 트위터 생중계창은 트위터
러의 분풀이 대상이 됐다. 트위터 이용자들은 "한번 진지하게 토론
해 봅시다. 2008년 촛불 구호와 1년 전 조선일보의 주장과 어떤 차
이가 있나요?" 등의 글을 올리며 조선비즈의 트위터 생중계창을 초
토화시켰다. 결국 독자와 소통하겠다는 조선비즈의 야심찬 계획은
하루 만에 물거품이 됐다. 조선비즈는 이튿날 트위터 생중계창 서비
스를 중단했다. 이후 《조선일보》는 트위터에 제대로 발을 들여놓지
못하고 있다. 《중앙일보》와 《동아일보》도 마찬가지다. 최근 대부분
언론이 트위터 열풍을 타고 트위터에 기사를 송고하고 있고, '김비
서'라고 조롱받는 KBS마저도 트위터에 기사를 날린다. 그러나 조중
동 기사는 트위터에서 보기 힘들다.

2011년 2월 24일 트위터에서는 《조선일보》가 연평도 현장 사진을 왜곡했다는 논란이 일었다. 논란은 @KwonWS가 "연평도 사진 포샵 작업한 조선닷컴. 너무 심하지 않나요? 이건 왜곡 수준인데."라는 멘션과 함께 다음의 사진을 트윗픽에 올리면서 시작됐다.

조선닷컴과 노컷뉴스의 사진은 같은 사진이지만 조선닷컴의 포연이 훨씬 진하다. 조선닷컴이 포연이 보다 선명하게 보이도록 명암을 넣고, 포연이 보다 가깝게 보이도록 위아래 부분을 트리밍한 것으로 추정된다. 이 사진을 두고 트위터에서는 "조작이냐 아니냐" 하는 논란이 벌어졌다. '조작'은 사진 원본 일부를 훼손하거나 변형하는

북한 연평도 포격 현장 사진.
위(조선닷컴)와 아래(노컷뉴스)
사진에서 포연의 명암 차가 뚜렷하다

경우를 말한다. 이 사진의 경우, 사진에 찍힌 피사체의 형상이나 형태를 변형한 흔적은 없다. 대신 사진의 색감을 심하게 조정했다. 의도는 위기 상황을 강조하려는 것으로 보인다.

　사실 언론사에서 사진 보정은 흔한 일이다. 현장감이 살지 않으면 트리밍이나 명암을 통해 강조할 부분을 강조한다. 언론에 종사하는 사람으로서 고백건대, 대부분의 현장 사진은 보정을 통해서 나온다. 언론사의 문법으로 보면 문제의 사진은 '조작'보다는 '보정'에 가깝다. 그러나 트위터 이용자들은 엄격했다. 트위터러들은 대부분 명백한 조작이라고 보았다. 전쟁 분위기를 조성해 안보 장사를 하려는 《조선일보》가 현장 분위기를 더욱 급박하게 보이게 사진을 의도적으로 과장했다는 것이다. 실제 노컷뉴스의 사진과 조선닷컴의 사진은 현장 분위기가 전혀 달라 보인다. 트위터 이용자들은 기술적인 측면이 아니라 직관적인 측면에서, 문제의 사진은 조작에 가깝다고 보았다. 이에 따라 트위터러들은 《조선일보》에 온갖 저주를 쏟아 부었다.

　"조선일보가 신문이면 파리가 새다." 등 포복절도할 비판 트윗이 수없이 작렬했다. 이 중 압권은 "조선일보가 신문이면 우리 집 변소 두루마리 화장지는 팔만대장경이다."였다.

나는 KBS 기자지만
KBS 뉴스 안 본다

:: KBS는 '김비서'?

KBS에 근무하는 기자나 PD들이 자신의 트위터 계정에 적은 프로필이 무척 이채롭다. MBC나 SBS의 경우 프로필에 직책이나 담당 프로그램을 담담하게 적고 있는 데 비해 KBS는 상당수가 '부끄럽다'는 표현을 쓰고 있다.

KBS J모 기자는 "시청자들에게 고개를 들 수 없는 KBS 기자입니다. 수렁에 빠진 KBS 저널리즘, 권력의 똥개로 복무 중인 낯 뜨거운 기자들을 딛고 다시 국민들만 두려워하는 KBS로 바로설 날을 꼭 이뤄내고야 말겠습니다."라고 쓰고 있다. Y모 기자는 "KBS 뉴스를 보지 않는 KBS 기자"라고 쓰기도 했다. 또 다른 Y모 기자는 "요즘

욕먹는 방송사의 기자"라고 자신을 소개했다. M모 PD는 "회사가 부끄러운 Radio PD"라고 자신을 소개하고 있고, K모 기자는 "울 회사가 창피한 기자/수신료 받는 기자'답게' 살고픈 기자"라고 썼다.

이같이 KBS 구성원들이 자괴감에 빠진 이유는 무엇일까? 현 정권의 방송 장악 때문일 것이다. 현 정권은 MB 특보 출신인 김인규 사장을 통해 KBS를 장악했다. 물론 어느 정권에서나 언론 장악은 있었다. DJ 정권 때는 박권상 씨, 노무현 정권 때는 정연주 씨가 각각 KBS 사장이 됐다. 이들은 방송 출신이 아님에도 최고 통수권자와 코드가 맞았기 때문에 KBS 사장에 발탁됐다. 이들도 취임한 이후 정권의 코드에 맞는 방송을 했다. 그러나 당시 구성원들이 자괴감에 빠질 정도는 아니었다. 심각한 노사 갈등도 없었다. 그러나 지금 KBS 구성원들은 자괴감에 빠져 있고, 노사 갈등도 심각하다. 오죽했으면 신입 기자들이 대선배인 김인규 사장에게 물러나라고 했을까? 최소한 정연주 씨나 박권상 씨는 이런 봉변까지는 당하지 않았다.

김인규 사장 취임 이후 KBS는 하루도 조용할 날이 없다. 김미화 블랙리스트 사건, 파업에 참가한 아나운서 대규모 징계, 〈추적 60분〉 PD 징계 등 하루가 멀다 하고 사건이 터졌다.

2010년 12월 15일 KBS는 파업에 참여해 공사의 위신을 실추했다는 이유로 노조 조합원 60명을 징계했다. 특히 총파업 때 모두 17명이 조합원으로 참가한 아나운서 직군의 경우 무려 14명이 징계 대상에 포함됐다. 급기야 신입 기자들이 사장의 퇴진을 요구했다. 12월 30일 KBS 신입 기자들은 성명서를 채택하고 김인규 사장의 퇴임을 요구했다.

KBS는 사장 퇴진을 요구한 〈추적 60분〉 김범수 PD의 사내 게시판 글을 삭제하기도 했다. 언론사에 언로가 막혔음을 대내외에 과시(?)한 셈이다. 김범수 PD는 게시판 글을 통해 〈추적 60분〉 '4대강' 편이 결국 방송되지 않은 것은 공영방송사의 책임을 방기한 것이라며 김인규 사장에게 물러나 줄 것을 요구했다. 그는 김인규 사장의 취임사를 인용해 "선배님의 취임사입니다. 물러나 주십시오."라고 요구했다. 취임사는 다음과 같았다.

"여기에서 단호하게 말하고 싶은 부분이 있습니다. 일부에서는 제가 KBS를 장악하러 왔다고 주장합니다. 아닙니다. 결단코 아닙니다. 저는 양심을 걸고 말합니다. 저는 KBS를 지키려고 왔습니다. 정치 권력으로부터 자본 권력으로부터 지키기 위해서 왔습니다.
제가 대선 캠프에 있었다고 해서 현 정부가 원하는 대로 정부 입맛에 맞게 방송을 마음대로 만들고 방송을 좌지우지할 사람으로 보입니까?
제가 그런 사람이 아니라는 것은 저와 함께 현장에서 뛰었던 후배들이 너무나 잘 알고 있습니다.

더욱이 그런 일이 지금 가능하기나 합니까? 공영방송을 위해 투쟁해 온 우리 자랑스러운 KBS 후배들의 눈동자가 이렇게 저를 지켜보고 있는데 제가 그렇게 할 수 있겠습니까?"

KBS 사건은 항상 엄청난 리트윗을 기록한다. 그만큼 트위터러들의 언론 민주화에 대한 열망이 크기 때문일 것이다. 《위키트리》리트윗 '베스트 20'을 보면 KBS 관련 기사가 3개나 올라가 있다.

김범수 PD의 "김인규 선배님 그만 KBS에서 나가 주십시오."가 1,563개의 리트윗이 발생, 전체 5위, 파업에 참여했던 KBS 개념 아나운서 명단과 얼굴 사진을 정리한 기사가 1,113개의 리트윗으로 15위, '추적 60분 CP에게 오늘 중으로 신변 정리하라' 기사가 1,089건의 리트윗으로 16위에 각각 올랐다.

최근 KBS 구성원들의 애환은 고민정(@kbsminjung) 아나운서의 트윗 글에 잘 표현돼 있다. 고민정 아나운서는 "우린 언제까지 그냥 회사원이어야 하나요. 언론인이라는 이름이 자랑스러운 KBS인이 되면 안 되는 건가요? 당장 내일이 편한 삶 말고 평생 자부심을 갖고 살아가는 삶이 그렇게도 이해할 수 없는 건가요? 따지지도 말라, 흥분하지도 말라! 우린 기계가 아니예요."

수많은 트위터러들은 KBS 기자가 "나는 KBS 뉴스를 자랑스럽게 본다."고 말할 날을 학수고대하고 있다.

KBS는 2011년 2월 15일 밤 〈뉴스9〉에서 "김정일 북한 국방위원장의 둘째 아들 김정철이 싱가포르에서 전설적인 기타리스트 에릭 크랩튼의 공연을 관람한 모습을 단독 취재했다."며 톱뉴스로 대대적으로 보도했다.

이 보도 자체는 문제가 되지 않는다. 그러나 문제는 〈뉴스9〉의 진행을 맡고 있는 민경욱 앵커의 트윗이었다. 민 앵커는 뉴스 시작 10여 분 전에 자신의 트위터에 "오늘 저희 KBS 9시 뉴스는 꼭 봐주셔야 됩니다. 큰 특종이 기다리고 있습니다. 무한 알튀를 부탁드립니다. 이제 방송 10분 전입니다."라는 글을 올렸다.

방송이 끝나자 트위터 이용자들은 "결국 낚시였다", "KBS 뉴스 시청률이 많이 떨어졌나 보군요", "김정철이 콘서트 간 게 구제역으로 인한 상수도 오염보다 더 중요해요?", "이러니까 나는 KBS 기자지만 KBS 뉴스 안 본다는 얘기가 나오지요", "공영방송이 파파라치 짓거리나 하고 있으니." 등의 반응을 보였다.

민 앵커는 이에 대해, 이런 걸 뭐 특종이라고 하느냐는 판단은 여러분께 맡기겠다면서 "제가 트윗으로 알려드리지 않았더라도 저희 뉴스에서 톱뉴스로 단독 취재임을 밝혀 드릴 기사였습니다. 저는 현장에서 그 사실을 취재해 온 후배 기자가 자랑스럽습니다."라고 밝혔다. 그는 또 "내일이 김정일의 생일이며 북한이 외부에 식량 원조를 요구할 정도로 경제 사정이 어렵다는 사실을 감안하면 김정일의 생일을 코앞에 두고 권력자의 아들이 그것도 권력이양의 와중에 외국까지 가서 팝가수의 공연을 봤다는 사실은 여러 가지 시사하는 바가 있다고 생각한다."라고 주장했다.

김정철 관련 뉴스는 취재하기 쉽지 않았을 것이다. KBS의 취재력이 돋보이는 것은 사실이다. 민 앵커는 "차남이 권력이양의 와중에 외국까지 가서 팝가수의 공연을 봤다는 사실은 여러 가지 시사하는 바가 있다고 생각한다."고 밝혔다. 그러나 필자는 시사하는 바가 거의 없다고 본다. 권력을 동생에게 뺏긴 형이 북한에서 할 수 있는 일이 별로 없을 것이기 때문이다. 장남인 김정남처럼 외국에서 3대 세습을 비판하지 않고 공연이나 보러 다니는 것이 동생을 도와주는 것일 게다. 김정남이 외국에서 3대 세습을 비판한 것은 정말 중요한 뉴스다. 김정일 사후 형제간 권력 투쟁이 벌어질 소지가 있기 때문이다. 그러나 차남의 해외 공연 관람은 가십거리에 지나지 않는다. 굳이 의미를 부여한다면 국민들은 굶고 있는데, 권력층은 해외 공연을 관람하는 부도덕성을 지적한 기사라고 할 수 있겠다.

이번 논쟁에서 또 중요한 것은 특종을 누가 판단하느냐의 문제다. 민 앵커는 특종이라고 생각하지만 트위터 이용자들은 전혀 특종이라고 생각하지 않았다. 오히려 전파 낭비라고 보는 트위터러가 더 많았다. 실제 16일 트위터에서는 KBS의 김정철 보도를 비판하는 트윗은 많았지만 잘 보았다는 트윗은 찾아보기 힘들었다.

과거 매스미디어는 미디어가 특종을 판단했다. 매스미디어가 뉴스의 생산과 유통을 독점하고 있었기 때문이다. 그러나 트위터 등

순위	ar_id	소분류	기사제목	최종작성	최종날짜	리트윗	트위터 노출
1	27747	사회	개념광고 '밥 한 끼' 트위터서 폭풍알티	운수노동자	2011-01-25 [화]	2469	2,407,267
2	29635	사회	국가에 50억 기부한 할머니, 쪽방서 시한부 인생	꼬인눈	2011-02-28 [월]	2106	1,640,127
3	10412	IT	주요 트위터 주소를 정리해 보았습니다	승주나무	2010-10-26 [화]	1990	2,124,762
4	25172	IT	아이폰에 한국 공휴일 표시하는 법	hyun	2010-12-14 [화]	1954	1,080,571
5	25018	미디어	"김인규 선배님 그만 KBS에서 나가 주십시오"	Hong	2010-12-10 [금]	1563	946,287

기사별 리트윗 베스트

소셜 미디어가 발달한 지금, 특종은 독자가 판단한다. 독자들도 뉴스를 생산하고 유통시킬 수 있는 채널을 갖고 있기 때문이다.

트위터러는 자신이 쓴 단문 뉴스나 맘에 드는 언론사 기사를 링크해 자신의 팔로어들에게 뿌린다. 팔로어가 많으면 많을수록 자신이 중요하다고 생각한 이슈를 순식간에 확산시킬 수 있다. 또한 팔로어들이 그 뉴스를 리트윗 하게 되면 더 많은 사람에게 확산된다. 이렇게 해서 실제 대한민국 거의 모든 트위터러가 본 트윗도 있다. 김여진과 날라리가 홍대 청소 용역 노동자들을 돕기 위해 제작한 '밥 한끼' 광고다. 홍대 총장이 보는 신문에 실었으면 좋겠다는 청소 용역 노동자의 말에 따라《조선일보》에 실린 이 광고의 시안은 트위터를 통해 확산되었다.

파워 트위터러인 @baltong3이 광고에 링크를 건 뒤 다음과 같은 멘션을 달아 트위터에 날렸다. "조선일보 독자가 몇 명인지는 모르겠지만 한국 트위터 사용자가 250만이 넘는다니 100만 명쯤은 볼 수 있게 RT합시다." 이 트윗은 폭풍 RT가 발생했다. 이 트윗은《위키트리》역사상 최다 리트윗을 기록했다. 2,500건의 리트윗이 발생했고, 모두 240만 명의 트위터러에게 노출됐다. 당시 트위터 이용자가 250만이었으니 대한민국 거의 모든 트위터러가 본 셈이다.

독자들은 더 이상 뉴스를 수동적으로 소비하지 않는다. 기사가 좋다면 언론사가 특종이라고 하지 않아도 기사를 트위터에 퍼 나른다. 여기서 언론사가 생각하는 중요 뉴스와 독자가 생각하는 중요 뉴스의 괴리가 발생한다. 민 앵커는 큰 특종이라고 생각하지만 그것은 기자들만의 특종일 뿐 독자들에게는 감흥이 없다.

특종은 이제 언론사가 아니라 독자가 결정한다.

2010년 9월 21일 추석 연휴를 맞아 공공기관과 언론사가 휴식의 단꿈에 빠져 있을 때, 수도권에는 예고 없이 폭우가 쏟아졌다. 수도권은 곧바로 재난 상태에 빠졌다. 그러나 엄청난 폭우가 몇 시간째 쏟아지고 있음에도 공중파 방송사 중 어느 하나 재난 방송을 하지 않았다. 이때 유일하게 현장 상황을 전달한 매체는 '트위터'였다.

재해 상황을 트위터에 처음 날린 트위터러는 @ytnetwork였다. 그는 21일 오후 1시께 "신월동 일대 전체가 홍수 피해 중입니다. 긴급사태입니다. 긴급사태입니다. 주민들 피하시라고 올려주세요."라는 트윗을 날렸다. 기상청이 서울 지역에 호우주의보도 내리지 않은 상태였다.

이후 트위터는 비 피해 상황을 알리는 트윗이 또 다른 홍수를 이뤘다. 트윗에 이어 사진이 올라오기 시작했다. 순식간에 엄청난 사진이 올라왔다. 특히 지하철 홍대입구역의 사진은 충격적이었다. 도로가 완전히 강으로 변한 가운데 지하철이 무정차 통과하고 있었다. 광화문 앞도 물로 가득 찼다. "이순신 장군이 500년 만에 해전을 치르고 계신다."는 유명한 멘션이 탄생한 순간이었다.

이 와중에도 KBS 등 공중파는 여전히 오락 프로그램을 방송하고 있었다. 트위터러들은 일제히 분통을 터뜨렸다. 재난 방송은 오후 4시 20분께 시작됐다. 수도권이 완전히 물에 잠긴 뒤였다.

트위터 이용자들은 자구책을 강구했다. [재해트윗] [비상재난트윗]과 같은 헤더가 등장하는가 하면 #재해트윗_ #CDi 와 같은 해

물에 잠긴 홍대입구 지하철역
〈출처: 트위터 @ohmydoc〉

물에 잠긴 광화문 모습
〈출처: 트위터 @Woncoollee〉

시태그를 만들어 폭우 피해와 관련된 트윗을 한 곳으로 모았다.

재해 관련 사진은 기존의 언론사보다 훨씬 생생하고 다양했다. KBS나 MBC, 조중동 등 거대 미디어도 사회부 사건 담당 기자들은 20여 명에 불과해, 이들이 모든 현장을 커버할 수는 없다. 그러나 트위터러들은 수도권 전역에 퍼져 있다. 따라서 다양한 사진이 나올 수밖에 없다. 그리고 현장감도 훨씬 뛰어났다. 물론 기자가 찍은 사진보다 완성도가 높은 것은 아니다. 그러나 트위터러들은 현장에 있었기 때문에 훨씬 생생한 사진을 찍을 수 있었다.

《위키트리》는 이날 하루 종일 트위터 상의 재해 속보를 수시로 종합해 보도했다. 다른 매체에서 현장 상황을 확인할 수 없었던 귀성객들이 갑자기 《위키트리》 사이트로 몰려들었다. 이날 《위키트리》 사이트는 두 차례나 다운됐다.

당일 오후 5시를 전후해 갑자기 《조선일보》에 대한 항의 트윗이 쏟아지기 시작했다. 《조선일보》가 폭우 속보를 내보내면서 트위터 사진을 가져다가 《조선일보》 저작권 표시를 붙였기 때문이다. 트위터러들은 "조선일보는 트위터를 음란물 유포 채널로 폄하하더니 보도용 사진은 냅다 가져다 쓰는군요." 등의 항의를 쏟아냈다.

이를 계기로 트위터에서의 저작권 논의가 이뤄졌다. "오히려 트위터를 저작권 제로벨트로 선포해서 더 많은 참여를 이끌어야 기존 미디어를 압도할 수 있다. 조중동에게 트윗 사진 못 쓰게 할 게 아니라 출처를 정확하게 밝히고 쓰게 하면서 애플이 그런 것처럼 미디어 생태계를 장악해야 한다."는 트윗이 많은 공감을 얻었다.

폭우사태가 약간 진정되자 한 트위터러는 이런 멘션을 남겼다.
"오늘 여기 트위터 타임라인에 글 올리시는 분들이 진정 이 시대의
살아 있는 기자입니다."

트위터, 반기독교 정서 팽배

장면-1_ 일부 개신교도들 미사 중인 성당 난입

2011년 3월 20일, 개신교도들이 미사 중인 성당에 들어와 전도 전단지를 돌리고 있다는 트윗이 트위터에서 핫이슈가 됐다.

트위터 아이디 @talkyh는 이날 자신의 트위터를 통해 "요즘 개신교 왜 이러나요. 오늘 성당 미사 중에 개신교 신도들이 성당 안에 들어와 전도 전단지를 돌렸습니다. 이런 무례하고 막무가내의 폭력성은 도대체 어디서 나오는 겁니까!! 한국 개신교는 이미 종교 본연의 모습을 잃었습니다."라고 밝혔다. 이 트윗은 순식간에 수백 개의 리트윗이 일며 리트윗 순위를 집계하는 followkr.com 1위에 등극했다.

@talkyh는 자신의 트윗이 엄청난 반향을 일으키자 "제 트윗이 이렇게 많은 RT와 반향을 일으킬 줄 몰랐습니다. 순간 화가 나서 한국 개신교 전체를 매도하고 말았네요. 반성하고 있고 개신교분들께 사과드립니다. 관련 성당과 교회는 말씀드리지 않겠습니다. 결과적으로 누굴 함께 매도하게 되는 것은 원치 않습니다."라고 덧붙였다.

이 소식을 접한 트위터 이용자들은 "이제 막장이군, 개(犬)신교", "절에서도 이러더니 이젠 성당마저", "김녕 김씨가 김해 김씨 집안에 들어가 '니들은 상놈'이라고 하는 꼴", "에휴 상도의도 없네, 조폭들도 나와바리는 지키는데…" 등의 반응을 보였다.

2010년 10월 25일 서울 삼성동 봉은사에서 개신교인들이 예배를 하는 동영상이 인터넷에 올라와 엄청난 파문을 일으켰다.

'봉은사에서 땅밟기'라는 제목의 이 동영상은 '찬양인도자학교' 주님의 향기 6조 소속이라고 밝힌 젊은이들이 봉은사 대웅전 등에서 예배를 올리는 모습을 담고 있다. 이들은 제작 후기를 통해 "봉은사에 와서 주님의 기도가 많이 필요하다는 것을 느낀다.", "쓸데없는 우상이 너무 많은 것을 느꼈다.", "주님의 자리에 이렇게 웅장한 절이 들어서 있다는 것이 놀랍고 마음이 아팠다.", "하나님에 의해 이 땅은 파괴될 것이다." 등의 말을 남겼다.

봉은사 땅밟기 동영상 캡처 화면

트위터에서는 "천당이 기독교 전용이냐.", "불교도들이 교회에서 목탁 치면 니들은 가만히 있을래?", "이런 일은 기독교 내부에서 반성하고 꾸짖어야 하는데 어찌 이리도 조용한지…" 등의 비판이 쏟아졌다.

장면-3_ 김성광 목사 "하나님이 '요것 봐라'며 일본 흔들어"

"박근혜 싸가지 없다.", "봉은사는 좌파다." 등의 발언으로 물의를 일으켰던 강남교회 김성광 목사가 일본 지진과 관련 또다시 물의를 빚었다. 그는 "일본 지진의 원인은 하나님을 믿지 않고 우상과 천황을 섬기기 때문"이라고 말했다. 그는 "하나님이 '요것 봐라'는 마음으로 일본을 흔들었다."고 덧붙였다.

김 목사는 2011년 3월 13일 주일예배에서 문제의 발언을 했다.

그는 "일본 천황은 지진도 못 막고, 쓰나미도 못 막으니 국왕이라고 해야 한다."며 "하나님 앞에서 천황이라는 호칭이 겸손하지 못하다."고 말하기도 했다.

여의도순복음교회 조용기 목사도 동참했다. 조 목사는 3월 13일 한 기독교 매체와의 인터뷰에서 "일본 국민이 신앙적으로 너무나 하나님을 멀리하고 우상숭배, 무신론, 물질주의로 나간 것에 대한 하나님의 경고"라며 "이 기회에 주님께 돌아오면 좋겠다."고 밝혔다.

트위터 이용자들은 "목사님 그러다 하나님한테 언팔 당하시면 어쩌시려고…" 등의 반응을 보였다. 문화평론가 진중권 씨는 자신의 트위터를 통해 "이런 정신병자들이 목사질을 하고 자빠졌으니… 더 큰 문제는 저런 헛소리를 듣고 '아멘, 할렐루야' 외치는 골빈 신도들… 저런 건 종교가 아니라 집단 히스테리죠. 치료를 요하는 정신의 질병입니다."라고 독설을 퍼부었다.

장면-4_ 서울에 교회가 얼마나 많은 줄 아세요?

트위터러들은 구글맵으로 교회와 공중 화장실이 표시된 사진을 보고 "용변이 급하면 공중 화장실이 아니라 교회를 찾아야겠어요.", "전국 교회에 와이파이를 설치한다면… 콸콸콸", "도서관이 저렇게 많았으면…" 등의 반응을 보였다.

트위터러들은 기본적으로 탈 종교적이다. 실제 트위터에서 일

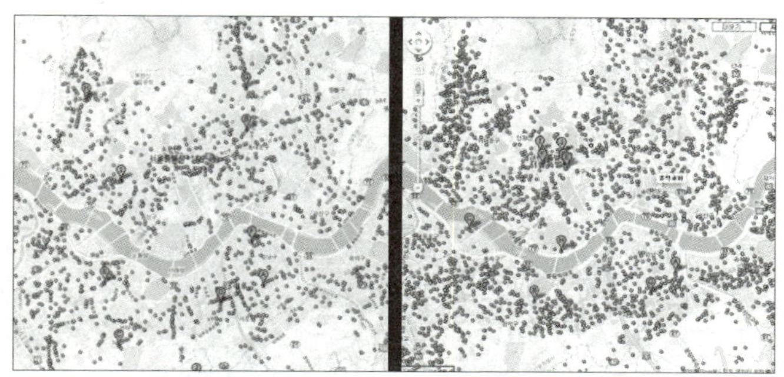

구글맵 검색 결과, 왼쪽이 공중 화장실, 오른쪽이 교회

부 개신교도들의 일탈 이외에 종교 문제가 이슈가 된 적은 거의 없다. 트위터러들이 기독교에 강한 반감을 보이는 이유는 일부 개신교도들이 소통을 거부하기 때문이다. 트위터는 기본적으로 소통의 공간이다. 그러나 개신교는 그들의 교리를 강요한다.

한나라당과 개신교는 소통을 하지 않고 그들의 논리 또는 교리를 강요한다는 점에서 닮았다. 한나라당이 트위터에서 왕따를 당하는 것처럼 개신교도 트위터에서 찬밥 신세를 면치 못하고 있다. 개신교가 계속해서 자신의 교리만을 고집한다면 트위터에서 자리잡기 힘들 것이다.

트위터러들은 종교간 평화를 갈망하고 있다. 다음은 올 초 가장 많은 리트윗이 인 사진이다. 이집트 민주화 시위 도중 무슬림이 기도를 하자 기독교도들이 손에 손을 잡고 무슬림을 보호하고 있는 장면이다. @NevineZaki라는 이집트 트위터러가 트위터에 올린 것이다. 이집트 민주화 시위 관련 사진 중 트위터에서 가장 큰 반향을 일으

출처: @NevineZaki(이집트 트위터러)

켰다. 《위키트리》 집계 결과, 무려 1,000여 회의 리트윗이 발생했다. 트위터러들이 종교간 화해와 상생을 얼마나 간절히 바라고 있는지를 보여주는 '사건'이었다.

가장 인기 있는 종교인은?

:: **목사, 신부, 스님도 트위터 한다**

목사님, 신부님, 수녀님, 스님 등 다양한 종교인들이 트위터를 한다. 혜민(@haeminsunim) 스님, 율리안나(@nun1004) 수녀님, 조정민(@ChungMinCho) 목사님 등이 그들이다.

혜민 스님은 『젊은 날의 깨달음: 하버드에서 출가 그리고 10년』의 저자로 현재 미국 햄프셔대학 교수 겸 뉴욕 불광선원 부주지다. 율리안나 수녀님은 서울 양천 성당에 소속돼 있다. 그는 자신의 트위터 프로필에 "가슴이 따뜻한 수도자이고픈… 수도자의 길을 가고자 하는 젊은이들의 동반자. 살면서 힘들고, 기도가 필요할 때, 제 작은 기도로 마음의 동반자가 되어 드릴게요."라고 적고 있다. 조정민 목사는 온누리교회 목사로 전직 MBC 기자다.

세 분의 공통점은 단 한마디도 자신의 종교를 선전하지 않는다는 점이다. 남을 비판하지도 않는다. 인생에 대한 교훈, 삶에 대한 성찰 등 주옥 같은 글을 트위터에 올린다. 때로는 형님처럼, 때로는 누님처럼 트위터러들을 포근하게 감싸준다.

이 중 가장 인기 있는 분이 조정민 목사다. 이것은 필자의 주관적인 판단이 아니다. 트위터 리트윗 순위를 집계하는 followkr.com에 따르면 조정민 목사의 트윗에 가장 많은 리트윗이 발생한다. 조 목사는 매일 아침 인생과 종교에 대한 성찰을 담은 트윗으로 아침 인사를 전한다. 많은 트위터러가 조정민 목사의 트윗을 보고 하루를 시작한다. 조 목사 자신의 역사도 흥미롭다. MBC에서 잘 나가는 기자였지만 지금은 목회자의 길을 걷고 있다. 그는 자신의 트위터에 "40년을 술독에 빠져 살았습니다. 뒤늦게야 하나님을 영접하고 새로운 삶을 살게 되었습니다."라고 올린 적이 있다.

그는 일부 개신교도들처럼 자신의 교리를 강요하지 않고, 삶의 지혜를 담은 따뜻한 트윗으로 매일 아침 트위터러들에게 감동을 배달한다. 교회에 나오라는 말은 전혀 하지 않지만 그분의 말씀을 듣고 있으면 교회에 가보고 싶다는 생각이 든다. 이런 분이 진정한 크리스천이 아닐까 싶다.

:: 반MB의 상징, 명진 스님

그런데 트위터에서 조정민 목사보다 더 많은 인기를 끄는 종교인이 있다. 바로 명진 스님이다. 명진 스님은 트위터를 하지 않는다. 그럼에도 트위터에서 가장 인기 있는 종교인이다. 반MB의 상징이기 때문이다. 그가 지난 3월 6일 봉은사를 떠날 때 트위터에서 생중계를 할 정도였다.

트위터러들이 명진 스님에게 열광하는 것은 MB를 향해 직격탄을 날리기 때문이다. "국토를 선짓국으로 만들고 있다.", "청와대를 청와교회라고 불러야 한다." 등. 명진 스님의 발언은 '어록'이 될 정도로 트위터러들에게 회자되고 있다.

2011년 1월 22일 봉은사에서 열린 고 리영희 선생 49재 법문에서 명진 스님은 추모사를 통해 "80년대 구치소 독방에서 선생의 저서『전환시대의 논리』와『우상과 이성』을 읽으면서 인생이 바뀌었다."라고 리 교수와의 인연을 소개했다. 그러면서, 부디 눈 감지 마시고 우리가 잘못된 길로 가면 준엄하게 꾸짖는 이 사회의 영원한 스승으로 남아 달라고 말했다. 그리고 구제역과 관련, "더 많이 가지려는 인간의 욕망이 짐승의 생명을 빼앗고 나아가 미움과 증오가 가득한 세상을 만들고 있다."라고 밝혔다. 그는 "이명박 대통령이 선진국을 만든다고 했지만 이젠 '선짓국'이 된 것 같다."고 덧붙였다. 선짓국 발언은 큰 화제를 일으켰다. 문화평론가 진중권 씨는 "명진 스님 말대로, 'MB, 선진국 만든다더니 선짓국 만들어…' 구제역 침출수가 생수병 1억 2,000만 개에 이른다네요. 친환경 '구제수', 녹색 '선지수', 청와대에 먼저 공급하는 게 좋을 듯…"이라는 트윗을 날렸다.

명진 스님은 2010년 11월 5일 《오마이뉴스》와의 인터뷰에서 "이명박 대통령은 전두환만큼 나쁘며, 청와대를 차라리 청와교회로 불러야 한다."고 말했다. 그는 '이명박 대통령을 역대 정권과 비교 평가한다면'이란 질문에 "최악의 대통령인 전두환만큼이나 나쁘다. 전 전 대통령은 광주에서 인간을 살육했다. 그런데 이 대통령은 4대 강 사업을 통해 대한민국의 뭇 생명을 살육하고 있다. 더 큰 죄다." 라고 말했다. 그는 또 '봉은사 땅밟기'로 촉발된 종교 편향 논란과 관련 "문제의 근원은 현 정권의 노골적인 기독교 색채 때문"이라며 "차라리 청와대를 청와교회라고 부르자."고 비판했다.

그리고 2010년 11월 4일 불교방송(BBS)에 출연, 대통령을 "전과 14범"이라고 표현했다. 그는 BBS 라디오 '전경윤의 아침저널'과 인터뷰하면서 이상훈 전 국방장관이 봉은사에 좌파 단체 본부가 있다고 주장한 것과 관련, 이 전 장관을 비난하다 문제의 발언을 했다.

명진 스님은 이 전 장관이 6공 시절 율곡 비리로 형사 처벌을 받은 전력을 거론하면서 "그런 사람이 한국 사회 보수 단체 집합체 인 애국총연합회 회장도 하고, KBO 총재도 하고, 지도층에 들어가 있는데 이는 우리 사회가 이런 잘못된 관행에 대해서 너그럽기 때 문"이라고 지적했다. 이어 "이명박 대통령 같은 경우도 말로는 전과 가 14범이라고 하는데, 보면 부동산 투기에다가 위장 전입에다가 세 금 포탈에다가… 정말 그런 파렴치한 범죄 행위를 저지른 사람들이 사회 지도층에 있다는 그 자체에 대해서 가혹하게 문제를 묻지 않고는 한국 사회의 변화를 이끌 수 없다."고 직격탄을 날렸다.

수많은 어록을 만든 명진 스님은 2011년 3월 6일 봉은사를 영원히 떠났다. 명진 스님은 한때 봉은사 회주(會主, 상징적인 관리자, 실권은 주지에게 있다)로 남을 것으로 알려졌으나 현 주지인 진화 스님으로부터 봉은사를 완전히 떠나달라는 통고를 받았다. 이는 정부의 개입 때문으로 알려지고 있다. 정부 쪽에서 '선짓국' 발언을 문제 삼았다는 후문이다. 명진 스님은 "나의 퇴진에 국정원장이 직접 개입했다."고 주장하며 봉은사를 떠났다.

일부 트위터 이용자는 "명진이 바로 법정 스님이 말씀하신 신앙을 직업으로 하는 자다."라며 명진 스님을 '정치 스님'이라고 비판한다. 그러나 대부분 트위터 이용자들은 "가시는 듯 다시 옵서예", "이제 누가 MB를 향해 직격탄을 날려줄꼬!" 등의 트윗을 날리며 명진 스님의 퇴장을 아쉬워했다. 이중 가장 화제를 모았던 트윗은 "MB는 언제 청와교회 떠나나."였다.

트위터러의 우상 스티브 잡스

세탁기와 냉장고 말고는 아이폰으로 다 된다?

1970년대 부잣집이라면 TV와 냉장고, 녹음기, 카메라, 비디오, 라디오, 전화기 정도가 있어야 했다. 아주 부잣집이면 세탁기도 있었다. 이중 냉장고와 세탁기 이외에는 아이폰으로 다 된다. 손바닥만한 아이폰에 냉장고와 세탁기를 제외한 거의 모든 가전제품을 넣은 셈이다.

아이폰은 기존 전자 제품을 망라했을 뿐만 아니라 '모바일 시대'를 열었다. 한마디로 아이폰은 현대 IT 기술의 '총아'다. 그 아이폰을 만든 장본인이 스티브 잡스다. 트위터에서는 잡스를 잡스 형님,

잡스옹, 잡스느님(잡스+하느님) 등으로 부른다. 스티브 잡스가 아이폰을 발명, '스마트 시대'를 '창조'했으니 잡스느님이라는 표현이 그렇게 어색하지 않다.

트위터러들은 얼리 어댑터들이다. 아이폰, 아이패드에 열광하고 그것을 만든 스티브 잡스에게도 무한 지지를 보낸다. 또 잡스의 인생 자체가 경외의 대상이다. 미국의 2대 IT 천재라면 빌 게이츠와 스티브 잡스를 꼽을 수 있다. 그러나 이들은 사뭇 다른 인생을 살아 왔다. 빌 게이츠가 순풍에 돛 단 격이었다면 스티브 잡스는 파란만장했다. 게이츠는 일찍 출세해 억만장자가 됐고, 지금은 은퇴해 자선사업에 전념하고 있다. 그러나 잡스는 우여곡절 끝에 정상에 올랐다. 곡절이 많다는 것은 스토리가 많다는 뜻이다. 다시 말하면 인생이 드라마틱하다는 얘기다.

게이츠는 유복한 환경에서 자랐지만 잡스는 입양아였다. 그의 생모는 대학원생인 미혼모였다. 스티브 잡스는 태어나자마자 대학을 나오지 않은 평범한 노동자 부부에게 입양됐다. 17년 후 대학에 진학했지만 마음 편히 학교를 다닐 수 없었다. 양부모가 평생 모은 돈이 고스란히 학비로 지출됐기 때문이다. 그는 대학을 중퇴하고 1976년 스티브 워즈니악, 로널드 웨인과 함께 애플을 공동 창업했다. 그러나 자기가 창업한 회사에서 쫓겨났다. 그 후 '픽사'를 설립해 세계 최고의 애니메이션 스튜디오로 만들었다. 이를 지렛대로 1997년 애플을 인수해 CEO의 자리를 되찾았다. 잡스는 애플을 재정비해 애플 전성 시대를 준비했다. 그러나 2004년 췌장암 선고를 받고 수술을 받았다. 2009년에도 죽음의 문턱까지 갔다가 간장 이식 수술로 구사일생으로 살아났고 최근 세 번째 병가를 낸 상태이다.

무엇보다 스티브 잡스가 트위터러에게 어필하는 것은 '절박함'일 것이다. 그는 췌장암과 씨름하고 있다. 시한부 인생을 살고 있는 셈이다. 그럼에도 아이팟, 아이폰, 아이패드로 이어지는 아이 시리즈를 끊임없이 내놓고 있다. 2005년 스탠퍼드 대학의 졸업 연설은 언제 들어도 감동적이다. 잡스는 연설에서 "하루하루를 인생의 마지막 날처럼 산다면 언젠가는 바른 길 위에 있을 것이다."라고 했다. 그리고 덧붙였다. "인생의 중요한 순간마다 곧 죽을지도 모른다는 사실을 명심하는 것이 저에게 가장 중요한 도구가 됩니다. 죽음을 직면해서는 오직 진실로 중요한 것만 남기 때문입니다." 이 말은 그 자신이 시한부 인생을 살고 있기 때문에 더욱 절절하게 다가온다. "죽음을 직면해서는 오직 진실로 중요한 것만 남는다."는 말은 아무 때나 트위터에 날려도 리트윗이 이는 트위터 최고의 명언 중 하나다.

미혼모의 아들로 태어나 입양된 아이, 자신의 회사를 뺏긴 뒤 다시 되찾은 스토리, 췌장암 선고를 받고 다시 시작한 인생, IT 분야에서 탁월한 업적과 파란만장한 인생 역정은 트위터러들에게 감동을 주고도 남는다. 스티브 잡스는 고 노무현 대통령을 뺀다면 트위터 최고의 스타다.

스티브 잡스의 2005년 스탠퍼드 대학교 졸업 연설
바로가기:http://bit.ly/dpXEcG

트위터는 패러디 천국이다. 스티브 잡스 역시 예외일 수 없다. 대표적인 것이 빌 게이츠와 스티브 잡스의 대화, 스티브 잡스와 이건희 삼성 회장과의 대화 등이다. 이밖에 소소한 패러디는 수도 없이 많다. 언제 보아도 유쾌 상쾌 통쾌한 것들이다.

아래 사진은 미리 보는 스티브 잡스의 묘비이다. 맨 아래 묘지석 오른쪽에는 파워케이블이 꽂혀 있다. 묘지석 받침에 새겨진 'BELKIN'은 애플 제품의 액세서리를 제조하는 회사다.

미리 보는 스티브 잡스의 묘비

묘비명: Fatal Error Occurred
(치명적 오류가 발생함)

묘비에 새겨진 메뉴:
Melancholy Music(슬픈 음악)
Funeral Photos(장례식 사진)
Expo Videos(엑스포 동영상)
Last W&T(유서)
Settings(묘비 세팅)
Shuffle Epitaphs(묘비명 재배열)

잡스: 나 어제 갤럭시S 샀어

건희: 좋지?

잡스: 해외 나가면 마누라랑
연락 안 돼서 좋아

건희:

잡스: ㅋㅋㅋ

잡스: 요즘 앱 게임 뭐해?

건희: 위룰! 친구 맺을래?

잡스: 근데 너 아이폰 써?

건희:

잡스: ㅋㅋㅋ

스티브 잡스와 이건희의 대화 1,2

잡스: 갤럭시S 발표회
　　　봤어. 예쁘더라.

건희: 그치? 폰 예쁘지?

잡스: 아니 언니들.

건희:

잡스: ㅋㅋㅋ

스티브 잡스와 이건희의 대화 3

게이츠: 아이폰 4G는
　　　　영상통화가 가능해서
　　　　불륜커플들이
　　　　불안해한다던데 이
　　　　문제는 어쩔 셈임?

잡스: 그래서 나도 3GS
　　　　쓸꺼임

게이츠: ㅋ

잡스: ㅋㅋ

잡스: 나 바지 몇 벌이게?

게이츠: 100벌쯤?

잡스: 쉿, 1벌 ㅋ

게이츠: ^&^

스티브 잡스와 빌 게이츠의 대화

아이폰4가 처음 나왔을 때, 가장 화제가 됐던 것이 스티브 잡스가 깻잎 통조림 디자인을 표절했다는 것이었다. 깻잎 통조림을 만드는 샘표식품은 이를 이용, 이벤트까지 할 정도였다. 깻잎 통조림 인증샷을 찍어 올리면 아이폰4를 선물하는 이벤트였다. 이벤트는 대박이 났고, 트위터러들은 포복절도했다. 수많은 패러디가 등장했다. 압권은 스티브 잡스도 이를 인정했다는 패러디였다.

저는 이 디자인을 참조했지요.

현재 스티브 잡스는 병가중이다. 일각에서는 시한부설도 나오고 있다. 1955년생인 그는 이제 만 56세다. 빌 게이츠가 은퇴한 지금, 세계 IT계를 이끌 리더십과 카리스마를 두루 갖춘 인물은 그가 유일하다. 그가 무사히 복귀하기를 간절히 기도한다. 모든 트위터러들의 소망일 것이다.

트위터는 유머 천국

 이슈가 없을 때 트위터는 유머 천국으로 변한다. '누가 누가 잘 웃기나'를 경쟁하는 것 같다.

트위터러들은 기본적으로 다소 무거운 정치 · 경제 · 사회 이슈에 관심이 많다. 그러나 유쾌하고 가벼운 것도 선호한다. 그렇다고 연예 뉴스를 좋아하지는 않는다. 오히려 포털의 연예 뉴스 홍수와 선정성에 반감을 가지고 있다. 그렇지만 유머는 언제나 환영하고, 특히 유머에 메시지가 담기면 폭발적인 반응을 보인다.

트위터러들의 유머 감각이 만개하는 날이 4월 1일 만우절이다. 이날은 '누가 누가 더 잘 속이나'를 경쟁하는 것 같다. 특히 올해 만우절은 특별한 이슈가 없어서인지 '만우절 드립'이 폭발했다. 드립은 대본에 없는 즉흥적 발언이란 뜻인 '애드립(adlib)'이 어원이다. 인터넷에서는 예상치 못한 유머나 발언을 하는 것을 뜻한다.

:: 진중권 "MB 존경한다"

일단 진중권(@unheim) 씨가 먼저 치고 나갔다. 진 씨는 자신의 트위터에 "이명박 대통령을 존경합니다."라는 글을 올렸다. 진 씨는 잠시 뒤 "그리고 고백하건대… 이명박 대통령은 '쥐'가 아닙니다."라고 덧붙였다.

이 글을 본 트위터 이용자들은 "전 진심으로 사랑합니다. 오늘만", "나만 존경하고 사랑할꺼야 다 꺼져." 등의 반응을 남기며 만우절 유머에 동참했다. 평소 이 대통령을 심하게 비판했던 진중권 씨가 "MB를 존경한다."고 말한 게 트위터러의 웃음보를 자극했다. 특히 진 씨의 트윗을 본 일부 트위터러들은 "아니 갑자기 왜?"라고 당혹감을 감추지 못해 더욱 웃음을 자아냈다.

:: 이정희, 'MB 4대강 사업 전격철회'

이정희 민주노동당 대표(@heenews)도 "청와대 4대강 사업 전격철회"라는 소식을 전하며 '만우절 드립'에 동참했다.

이 대표는 자신의 블로그에 '청와대의 4대강 사업 전격철회, 복지예산 전환 발표를 환영한다.'라는 제목의 논평을 발표했다. 이 대표는 "MB 정부가 드디어 국민의 염원에 고개를 숙였다. 청와대는 4월 1일 '국민의 뜻을 더 이상 거스르기 어렵다'며 '4대강 사업 및 부자 감세 정책을 전면 철회하고 그 예산을 복지재정 확충에 사용할 것'이라고 밝혔다."며 "민주노동당은 이와 같은 MB 정부의 결단을 환영한다."는 글을 남겼다. 이 대표는 이어 정부의 최저임금 인상, 반값등록금 공약이행도 언급한 뒤, 논평 말미에 "참고로 오늘은 4월 1일 만우절이다."라고 밝혔다.

트위터 이용자들은 "중간까지는 혹시나 기대하고 읽었습니다.", "의원님도 뻥치시네요. ㅋㅋ" 등의 반응을 보였다.

:: **오상진 아나운서 프리 선언**

오상진 MBC 아나운서도 이날 자신의 트위터에 "그동안 고마웠습니다. MBC… 저 프리 선언합니다."라는 글을 올려 많은 트위터러들을 놀라게 했다.

그러나 그는 곧바로 "알자지라 스포츠 뉴스 앵커 제안이 들어와서요. 어려운 결정이었습니다. 지금 인터넷으로 터번 고르고 있습니다. 방산시장 가서 공동구매 하려구요."라고 덧붙였다. "알자지라 방송은 AK총은 필수죠 형님. 그건 어디서 구매하시려구요."라는 질문에는 한 온라인 게임 업체의 상품권으로 사겠다고 답하는 센스를 발휘했다.

오상진 아나운서의 깜짝 만우절 드립에 트위터러들은 "공구한 터번 쓰고 인증샷 부탁해요.", "누구도 넘볼 수 없는 그 자리, 축하드려요!" 등의 트윗을 날리며 맞장구를 쳤다.

:: 안연, 오늘은 악성 코드 대응 안 한다

안철수연구소(@AhnLab_man)도 회사 트위터에 "만우절인 오늘을 틈타 많은 악성코드들이 침입을 시도하고 있습니다. 그들 나름의 노고를 생각해 오늘 하루 그런 악성코드에 대응하지 않겠습니다."라는 글을 올렸다.

트위터 이용자들은 "지금까지 본 만우절 트윗 중 제일 재미있습니다.", "오늘만큼은 '알약'을 쓰겠어요. ㅋㅋ"라며 농담으로 웃어넘겼지만, 일부 이용자들은 "대응 안하면 어쩔 거야.", "근무 태만" 등 정색을 하고 달려들어 폭소를 자아냈다.

:: 오늘 지식채널e 마지막 방송입니다

김한중 EBS PD(@EBSKIMPD)는 "오늘은 지식채널e 마지막 방송입니다. 지금까지 시청해 주신 여러분 감사합니다."라는 트윗을 날렸다.

　　대부분 트위터러들이 속았다. 특히 지식채널e는 트위터에서 가장 사랑받는 프로였기 때문에 트위터러들의 충격은 더 컸다. 지식채널e의 시각물은 언제나 트위터에서 환영 받는다. 깊은 여운과 진한 감동을 주기 때문이다. 트위터러들은 "슬픈 날입니다. 가장 좋아했던 프로그램이었습니다.", "슬프다 진짜 멋진 프로그램이었는데", "이제 지식채널e도 끝나는구나.ㅠㅠ", "아니 왜 없어지는 거죠?" 등의 트윗을 날리며 아쉬워했다.

　　김한중 PD는 회심의 미소를 지었다. 그는 "트친 여러분… 왜 이렇게 리얼하게 속아주시는 겁니까… ㅠㅠㅠ 만우절인데… 흑흑."이란 트윗을 날렸다. 트위터러들은 속았다는 사실을 그때서야 알아차렸다.

:: KT · SKT 만우절 맞아 트위터 영혼 교체

　　라이벌 이동통신사인 KT와 SKT가 만우절을 맞아 재미있는 장난을 쳤다. 서로 프로필 사진을 바꾼 뒤 SKT가 "만우절에도 올레하게! 열심히! 발로 뛰겠습니다. 두두두~"라며 KT의 홍보 문구를 읊자, KT는 이 트윗을 리트윗하며 "콸콸콸!"이란 멘션을 달았다.

　　KT는 평소 운영자가 주로 사용하는 스마트폰과 태블릿PC라며 SKT에서 출시한 갤럭시탭, 스카이 스마트폰 제품 사진을 올리기도 했다. 트위터러들은 "KT와 SKT가 영혼 교체를 했다."며 박장대소했다.

만우절을 맞아 서로의 광고 카피를 트윗에 올린 KT와 SKT

:: 카카오톡 유료화, 월 이용료 2,900원

스마트폰의 대표적인 무료 메신저 서비스인 카카오톡이 다음 달부터 유료화 되고, 이용자들은 월 2,900원씩 내야 한다는 소식이 트위터를 강타했다. 트위터 이용자 @tweettweetchu는 트위터에 "[속보] 카카오톡 '전면 유료화 결정' 다음 달부터 월 이용료 2,900원"이라는 글과 함께 다음 페이지의 사진을 링크했다.

당신은 '지대루' 낚였다는 뜻이다. 트위터러들은 그러나 링크된 사진을 보지 않고 트윗 메시지만 보고 카카오톡 유료화를 사실로 받아들였다. 특히 최근 온라인 공간에서 이동통신 회사들이 '카카오톡을 차단한다'는 설이 제기되면서 트위터러들은 이 문제에 굉장히 민감한 상태였다. 트윗만 보고 속은 트위터러가 한둘이 아니었다. "써보지도 못했는데…", "당장 네이버톡, 마이피플로 갈아타겠다." 등 정색을 하며 발끈하는 트위터 이용자들이 속출했다. 한술 더

월척이다!

NEWSIS 기사입력 2011-03-22 12:13

〈출처:네이버 뉴스홈〉

해당 기사 바로가기: http://bit.ly/f6PcU6

떠 "결국 이렇게 되었다네요. KT는 3,900원이랍니다."라는 멘션을 덧붙여 RT하는 이용자도 있었다. 사건이 너무 확대되자 카카오톡 측에서 사실이 아니란 트윗을 낼 정도였다. 수많은 트위터러를 낚았던 @tweettweetchu도 카카오톡의 공지 트윗을 리트윗하는 등 사건을 진화하려 노심초사하는 모습을 보여 트위터러들을 또 한 번 폭소케 했다.

만우절 드립이 작렬하자 한 트위터러가 《위키트리》에 '최고의 만우절 드립'을 선정해 보자는 제안을 했다. 《위키트리》는 곧바로 설문조사에 들어갔다. 트위터는 트윗폴 등이 있어 설문조사를 하는 것이 아주 쉽다. 그리고 설문조사도 심각한 것보다는 이같이 가볍고 유쾌한 것이 훨씬 반응이 좋다. 《위키트리》가 설문조사를 실시한 결

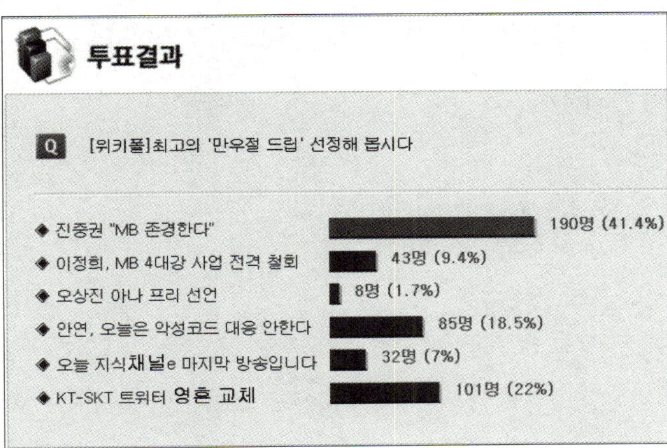

최고의 만우절 드립 투표결과

과, 진중권 씨의 "MB 존경한다." 드립이 41.4%의 지지를 얻어 압도적 1위를 차지했다. 2위는 KT와 SKT의 영혼 교체(22%), 3위가 안연, 오늘은 악성코드 대응 안 한다(18.5%)였다. 그 뒤를 이정희 4대강 사업 전격 철회, 오늘 지식채널e 마지막 방송입니다, 오상진 아나운서 프리 선언이 이었다. 카카오톡 드립은 오후에 나오는 바람에 설문에 들어가지 못했다. 만약 들어갔다면 진중권 씨의 드립과 1위, 2위를 다퉜을 것이다. 워낙 낚인 사람이 많았기 때문이다.

한편 트위터 아이디 @doosoooo의 "4월 1일을 만우절이 아니라 'MB데이'라고 부르자."라는 제안도 뜨거운 호응을 얻었다. 이유를 말하는 것은 사족일 것이다.

내가 본 가장 아름다운 사진

"2010년 7월 24일, 트위터를 달구고 있는 사진입니다.

두 손 대신 발로 동생을 쓰다듬어 주는 형의 얼굴이 귀엽습니다. 그리고 발로 동생에게 먹을 것을 먹여주는 모습은 천진난만 그 자체입니다. 덩치는 작지만 팔이 없는 태호가 형이랍니다. MBC 스페셜 '승가원의 천사'들에 나오는 아이들입니다.

여러분은 이 사진을 보고 어떤 생각이 드십니까. 댓글로 감동을 나누었으면 합니다."

《위키트리》는 위의 기사에 '내가 본 가장 아름다운 사진'이란 제목을 붙여 트위터에 보냈다. 트위터러들은 "정말 감동적이다.", "천사의 표정이다.", "눈물이 핑 돈다.", "사지가 멀쩡한 게 오히려 부끄럽다.", "아마 지상에선 찾을 수 없는 표정일 겁니다." 등의 멘션을 달며

무한 리트윗을 했다. 《위키트리》 집계로만 1,000여 개의 리트윗이 발생했다. 트위터 전체로는 수천 개의 리트윗이 일었을 것이다.

트위터를 감동의 물결로 몰아넣은 사연은 수도 없이 많다. '세상에서 가장 아름다운 얼굴'이란 만화, '나는 꼴찌였다'는 어느 교수의 가슴 뭉클한 고백, 수천 명의 노숙자에게 샌드위치를 만들어 주고 숨진 '브렌든 스토리' 등 감동 스토리는 하늘의 별처럼 많고 아름답다.

'세상에서 가장 아름다운 얼굴'은 실화를 바탕으로 한 만화다.

심한 화상으로 얼굴이 망가진 아버지가 자식들을 돌볼 수 없어 고아원에 맡기고 숨어 산다. 나중에 아버지가 돌아가자 자식들은 화장만 하지 말아달라는 아버지의 유언을 무시하고 아버지를 화장한다. 자식들은 아버지의 짐을 정리하다 아버지의 일기장을 발견한다. 그들은 아버지가 화상을 입은 게 어릴 적 자신들의 불장난 때문이었고, 그 불장난으로 인해 어머니가 목숨을 잃었다는 사실을 알게 된다. 아버지는 일기장에 평생 불에 타는 악몽에 시달리며 살았으니 제발 화장만 하지 말아달라고 유언을 남겼다. 자식들은 후회하며 통곡을 했지만 아버지는 이미 한줌의 재가 된 뒤였다.

'브렌든 스토리'는 세계적으로 유명한 이야기다. 11살 어린 나이에 2주밖에 살 수 없다는 시한부 인생을 선고받은 브렌든은 소원을 말해보라는 어머니의 말에 "노숙자들에게 샌드위치를 만들어주고 싶다."고 대답한다. 브렌든의 마지막 소원이 인터넷에 올라오자 수많은 사람들이 브렌든의 소원을 들어주기 위해 팔을 걷어붙였다. 브렌든의 남은 시간 2주간, 3,500명의 노숙자들이 샌드위치를 받았다.

'나는 꼴찌였다'는 어느 교수의 이야기다. 그는 중학교 1학년 때 전교에서 꼴찌를 했는데 성적표를 1등으로 위조해 아버님께 갖다 드렸다. 그의 아버지는 재산 목록 1호인 돼지를 잡아 마을 사람들을 대접했다. 이후 그 학생은 너무 죄스러운 마음에 이를 악물고 공부를 했고, 17년 후 대학 교수가 됐다. 박찬석 전 경북대 총장 이야기다. 자신의 아들이 중학교 1학년이 됐을 때, 그는 아버지에게 그때 거짓말을 했노라고 고백한다. 아버지는 "알고 있었다."고 답한다.

고 이태석 신부의 모습
〈출처: 수단어린이 장학회 홈피〉

트위터 역사상 가장 많은 감동을 일으킨 사연은 단연 '이태석 신부' 이야기다. 수단에서 봉사활동을 하다 대장암으로 48세의 나이에 숨진 이태석 신부 이야기는 감동의 물결이 아니라 감동의 쓰나미였다. 2011년 2월 4일 KBS에서 이태석 신부의 행적을 다룬 다큐멘터리 「울지마 톤즈」가 방영되었다. 이 영상물은 트위터를 눈물바다로 만들었다.

이 다큐를 제작한 KBS 구수환 PD는 "「울지마 톤즈」는 강력한 고발 영화라고 말하고 싶다. 이 영화를 통해 이기심 가득한 우리의 삶이 얼마나 부끄러운지를 말하고 싶었고, 사회 지도층 인사들에게 사랑과 헌신의 진정한 의미를 보여주고 싶었다."고 제작 의도를 밝혔다. 구 PD 말대로 「울지마 톤즈」는 우리가 얼마나 부끄럽게 살고 있는지를 뼈저리게 느끼게 하는 '강력한 고발 영화'였다. 이태석 신부는 의사이자 신부, 음악인, 선생님으로서 그가 가진 재능의 마지막 한 톨까지 아프리카 수단에 쏟아 부었다. 그는 환자를 치료하고 병원을 짓고, 공동체를 건설하고, 학교를 짓고, 수단 사상 첫 35인조 브라스밴드까지 운영했다. 이로 인해 달라진 그곳 사람들의 삶이 다큐를 통해 생생하게 전달됐다. 특히 한센병 환자들에게 맞춤형 가죽 샌들을 만들어 주는 모습은 감동 그 자체였다. 그는 그럼에도 오히려 그들에게 많은 것을 배운다며 감사해했다. 방송 이후 트위터는 고 이태석 신부 추모 글로 도배됐다.

"한 사람의 사랑과 헌신이 세상을 변화시킬 수 있다는 마치 동화 같은 사실에 가슴이 뜁니다."

"이태석 신부 말씀 '예수님이라면 이곳에 학교를 먼저 지으셨을까, 성당을 먼저 지으셨을까? 아무리 생각해도 학교를 먼저 지었을 것 같다' 외형과 권세만 추구하는 우리 교회들 맹성해야 합니다."

"이태석 신부가 아름다운 이유는 선행, 자선을 넘어 빈곤의 삶이 되풀이 되지 않도록 학교를 세우고, 함께 노래를 부르고, 인간다운 삶에 대한 열망을 키워냈던 것. 삶의 의지를 일궈냈던 것. 그 아름다움에 난 죽도록 울었다."

"이태석 신부야말로 진정한 엄친아셨다. 그 많은 재능 한 톨도 남김없이 남을 위해 쓰고 가셨다. 내 알량한 재

능이나마 남을 위해 사용한 적이 있었는지 아프게 돌아
보게 된다."

"행복은 소유에 있지 않고 나눔에 있다는 것을 깨닫게
해준다. 정말 아름다운 삶을 살다 가신 이태석 신부님을
존경합니다."

"고 이태석 신부가 마흔 살 사내의 가슴을 울리다."

"「울지마 톤즈」의 엔딩. 가장 낮은 사람에게 베푸는 것
이 나에게 베푸는 것이라는. 예수의 말씀과 이태석 신부
의 웃음이 너무 여운이 크네요. 감사하다는 말밖에."

"이태석 신부님!! 그거 보고 우리 가족들 다 눈이 통통."

"못 본 분들 인터넷에서라도 꼭 보세요. 인생이 바뀝니
다."

트위터 이용자들은 추모에 그치지 않고 실천에 나섰다. "이태석
신부의 활동을 돕던 카페가 있네요. http://durl.kr/5o82y 그리고 수
단 아이들을 후원해 주실 분들은 02-591-6210으로 문의하시면 될
거 같습니다. 월 5천 원이면 한 아이의 교육비, 급식비가 된다고 하
네요." 이 트윗은 무한RT가 이뤄졌다. 이 트윗이 나간 이후 수단장학
회 홈피 자유게시판은 다운됐다.

2월 14일은
밸런타인데이가 아니다

:: 트위터는 반일의 온상—안중근과 밸런타인데이

밸런타인데이인 2011년 2월 14일 아침 울림이 있는 트윗이 있었다. 트위터 아이디 @gkspwls는 자신의 트위터에 "오늘 트위터 금지어 '초콜릿'으로 했으면 좋겠다. 일주일 전부터 그놈의 초콜릿-.-" 이란 글을 올렸다. 이 같은 트윗이 나가자 "저두요" "옳소!!" "찬성 무한RT" "오늘은 그냥 월요일!! 쳇" 등의 반응이 나왔다.

또 다른 트윗도 눈길을 끌었다. "밸런타인데이라고 즐겁고 기대됩니까? 오늘은 한진중공업 400여 명이 정리 해고되는 날입니다. 그걸 저지하기 위해 35미터 크레인 위에서 김진숙 씨가 고공농성 중입니다. 관심을 갖고 걱정해 주시길."이라는 트윗이었다.

여러 트윗 중 가장 압권은 "어제 딸아이가 내일 무슨 날인 줄 아느냐고 묻기에 밸런타인데이라고 했더니 안중근 '장군'이 사형 선고 받은 날이란다. 부끄럽고 미안했다.ㅠ"였다.

트위터에서 2월 14일은 밸런타인데이가 아니라 안중근 '장군' 사형 선고일이다. 트위터는 민족 정서가 강한 곳이다. 특히 반일의 보루라 해도 좋을 만큼 반일 정서가 강하다. 시도 때도 없이 일제 때 일본 천황에게 충성을 맹세하는《조선일보》신년사가 무한 리트윗되고, 안중근 의사 모친의 마지막 편지도 나오기만 하면 무한 리트윗된다. 독도 관련 트윗도 마찬가지다.

같은 2차 대전 전범국임에도 국제 사회에서 독일은 존경받지만 일본은 존경받지 못한다. 독일은 나치를 청산했지만 일본은 군국주의 세력을 청산하지 못했기 때문이다.

《조선일보》 1936년 1월 1일 신년사.

독일은 나치를 철저하게 청산했다. 60~70년대 독일에서는 아버지가 나치였다는 이유만으로 왕따를 당하는 어린이가 많았다. 수없이 전학을 다녀야 했다. 이들은 철저하게 나치를 싫어할 수밖에 없다. 독일에서 나치를 찬양하면 감옥에 가야 한다. 그러나 일본은 지금도 정치인들이 전범이 묻힌 야스쿠니 신사를 참배한다.

일본 군국주의자들의 자손들도 왕따를 당했어야 했다. 그러나 그들은 지금도 떵떵거리며 살고 있다. 일본이 패전하고 맥아더가 일본을 접수하자 군국주의자들은 모두 숙청됐다. 그러나 한국전쟁이 그들을 살렸다. 당시만 해도 교통이 덜 발달해 군수물자가 태평양을 건너오는 데 많은 시간이 걸렸다. 미국은 군수물자를 일본에서 조달해야 했다. 군국주의 세력을 다시 등용할 수밖에 없었다. 이후 군국주의 세력이 다시 전면에 등장했다. 일본은 과거를 청산할 기회를 놓쳐 버린 것이다.

트위터러들은 과거에 대한 반성이 없는 일본을 싫어한다. 일본이 과거를 제대로 청산했다면 일본을 싫어할 이유가 없다. 실수는 누구나 할 수 있다. 문제는 실수를 인정하지 않는 태도이다. 실수해도 반성하면 용서하는 것이 인지상정이다. 그러나 지금도 일본 정치인들은 거리낌 없이 야스쿠니 신사를 참배하고, 이를 반대하는 국제 여론에 노골적으로 불만을 표시한다. 그리고 일본도 제국주의의 피해자라고 강변한다. 태평양 전쟁에서 희생된 원혼들이 땅속에서 들고 일어날 일이다.

한국도 마찬가지다. 친일파들의 자손들은 철저히 외면당했어야 했다. 그러나 그들은 지금도 잘살고 있다. 오히려 사회 지배층을 형성하고 있다. 트위터러들은 이 같은 친일매국 세력을 증오한다. 이들을 제거하고 정통성 있는 정부를 세웠더라면 오욕의 현대사를 겪지 않았을 것이라고 믿고 있다. 한마디로 트위터는 반일의 온상이다.

트위터에서 반일의 상징적 인물은 가수 김장훈이다. 김장훈은 트위터를 하지 않는다. 그러나 트위터러들은 김장훈을 '트친(트위터 친구)'으로 여긴다. 김장훈은 2011년 3월 1일 독도 공연을 성사시켰다. 순전히 자비를 들여 독도 공연을 감행했다. 트위터러들은 "김장훈 당신의 노후는 국민이 책임진다!"며 응원의 무한 RT를 했다.

최근 김장훈의 행보는 그가 누구보다 정확하게 한일관계를 인식하고 있음을 보여준다. 일본 지진 성금 운동이 절정에 달했을 때, 김장훈은 일본 성금을 내지 않겠다고 선언했다. 보통 용기를 가지고 하기 힘든 선언이었다. 당시에는 일본에 인도적 차원에서 성금을 해야 한다는 여론이 지배적이었다.

김장훈은 "지진은 지진이고 독도는 독도."라며 성금을 거부했다. 그는 일본은 지진에서 회복되면 다시 독도를 자기 영토라고 주장할 것이라고 예견했다. 그리고 그는 일본은 독도를 분쟁지역화하기 위해 세계의 여론이 일본에 집중돼 있는 지금을 더욱 이용할 것이라고 덧붙였다. 그의 예언은 정확히 맞아 떨어졌다.

일본은 예정대로 독도 영유권 교과서 명기를 강행했다. 이후 트위터에서는 이런 마당에 지진 성금을 모금할 필요가 있느냐는 지적이 대세를 이뤘다. 서울 금천구청은 일본 지진 성금을 모았다가 이를 독도 지키기 단체에 기부키로 했다. 트위터에서는 "개념 구청"이라는 찬사가 나왔다.

트위터에서는 반일 캠페인이 수시로 조직되고 실행된다. 2010년 3월 트위터 이용자들은 독도 관련 트위터 프로젝트를 시작했다. "We are all live in Dokdo"라는 이름의 독도 트위터 프로젝트는 트위터 사용자들의 프로필 로케이션(Location)에 독도(Dokdo)를 표기하는 운동이었다.

이 운동을 처음 제안한 분은 @ryueyes11이었다. 이후 수많은 트위터러들이 자신의 프로필 로케이션을 'Dokdo'로 바꾸었다. 이 운동은 엄청난 호응을 얻었다. 지금도 많은 트위터러의 로케이션이 'Dokdo'로 표시돼 있다. 물론《위키트리》트위터도 'Dokdo'로 표시돼 있다.

아이폰 상 구글 지도에 독도가 죽도로 표기된 것을 고친 것도 트위터러들이다. 2010년 11월 20일 아이폰 상의 구글 지도에 독도가 죽도로 표기돼 있다는 사실이 알려졌다. 경상북도 울릉군 울릉읍 독도리라고 쓰여 있으나 지도에는 '竹島'라고 표기돼 있다.

트위터 아이디 @Barunsori6은 "아이폰 구글 지도에 독도가 '竹島'로 표기되어 있습니다. 이 글을 RT하시면 구글이 봅니다. 구글이 볼 때까지 바꿀 때까지."라고 트윗을 날렸다. 이 트윗은 무한 RT가 났고, 죽도는 독도로 바뀌었다.

또 역사 필수과목 지정 운동도 수시로 벌어진다. 2011년 1월 22일 트위터 이용자 @kims3252는 여학생들이 혹한의 날씨에도 교

육청 앞에서 국사 교육을 촉구하는 피켓을 들고 시위하는 사진을 트위터에 올렸다.

피켓에는 "우리 역사 선택과목 지정을 반대합니다.", "독도가 우리 땅이라는 것을 노래방에서만 배워야 하나요."라는 문구가 새겨져 있었다. 트위터러들은 "희망을 봅니다!", "어른으로서 부끄럽네요." 등의 멘션을 달며 무한 리트윗을 했다.

한국은 선진국의 문턱에 와 있다. 선진국으로 진입하는 데 가장 큰 걸림돌이 '부패'라는 것이 내외의 공통된 지적이다. 부패가 만연하는 것은 사회에 정의가 없기 때문이다. 친일파들은 이익을 위해 정의를 버렸다. 해방 후 그런 그들이 단죄 받아야 했으나 그들은 여전히 잘 먹고 잘살고 있다. 이후 한국인들은 정의가 아니라 시류에 편승해 잘 먹고 잘사는 것이 '장땡'이라고 생각하게 됐다. 그런 사회는 부패할 수밖에 없다. 민족정기 차원은 물론 선진국 진입을 위해서라도 친일파는 정리되어야 한다. 친일파를 일소할 기회를 놓친 것은 사실이다. 그러나 친일파의 후손들이 득세하거나 친일 잔재가 지속되는 것은 막아야 한다. 해방된 지 60년이 넘었다. 그럼에도 트위터의 화두는 친일파 척결과 친일 잔재 청산이다.

:: 기성용 '원숭이 세리모니' 비판은 친일?

앞서 밝힌 대로 트위터는 반일의 공간이다. 그러나 성숙한 대일 의식을 갖고 있다.

기성용 선수는 2011년 1월 26일 벌어진 아시안컵 일본과의 준결승전에서 페널티킥을 성공시킨 뒤 원숭이 흉내를 내는 세리모니를 했다. '원숭이 세리모니'가 논란이 되자 기성용 선수는 자신의 트위터(@kirrard16)에 "정말 고맙고 끝까지 포기하지 않았던 선수들 내 가슴 속에 영웅들입니다."라며 "관중석에 있는 욱일승천기를 보는 내 가슴은 눈물만 났다."라고 스스로를 변호했다. 그는 변명이라는 지적이 나오자 "변명이라… 선수이기 전에 대한민국 국민입니다."라고 항변했다.

기성용 선수의 원숭이 세리모니에 대해 누리꾼의 생각은 대체로 반반으로 갈렸다. 일부에서는 "바보짓이다", "유럽에서 인종차별 겪어보고도 정신을 못 차리다니", "역지사지. 일본 선수가 골 넣고 그랬다면 우리는 용인할 수 있을까? 어쨌든 이건 분명 잘못한 일"이라며 비판의 목소리를 냈다.

그러나 다른 누리꾼들은 "축구는 신사적이고 정당하며 차별이 없어야 할 스포츠다. 하지만 한일전엔 그딴 거 없다! 한일전은 역사의 축소판이고 우리의 울분을 토해낼 기회다. 난 오히려 기성용에게 박수를 보낸다.", "일본 제국주의의 유산 욱일승천기를 꺼내 들고 있다는 것은 우리 국민에 대한 모욕이나 다름이 없기 때문에 기성용 선수가 각오하고 한 세리머니… 저는 찬성", "욱일승천기 보고 열 안 받으면 한국 사람이냐? 아니 아시아인이라면 그 더러운 물건을 보고서 안 열 받는 게 이상한 일이거든."이라며 기성용 선수를 옹호했다.

그러나 트위터의 반응은 좀 달랐다. 트위터에서는 기성용 선수가 잘못했다는 의견이 압도적이었다. "어쨌든 스포츠맨십에 어긋난다."가 대다수 트위터러의 인식이었다.

문화평론가 진중권 씨는 "원숭이 세리모니에 대해 환호하는 사람들은 '꼴통'"이라고 일갈했다. 진 씨는 자신의 트위터를 통해 "원숭이 세리모니 보면서 환호하는 사람들, 송백경 트위터 몰려가서 깽판 치는 사람들… 그들을 일러 '꼴통'이라 하지요."라고 밝혔다.

가수 송백경 사건은 이렇다. 송백경은 트위터에 기성용 선수의 세리모니를 비판하고 경기가 일본의 승리로 끝나자 "이왕 이렇게 된 거 일본 끝까지 잘해서 동북아시아의 자존심을 살려라. 日本!! 頑張れ!(일본 힘내라)"란 글을 올렸다. 이후 일부 누리꾼들이 송백경 트위터에 몰려가 송백경을 공격했다. 결국 송백경은 트위터를 중단하겠다고 선언했다.

그러나 트위터러들은 송백경의 트윗을 보고 "할 말 잘했다.",

“그 정도의 덕담을 할 수 있는 것이다.”, “일본이 우승해야 우리가 조금 덜 쪽팔릴 것 아닌가.” 등의 반응을 보이며 송백경을 옹호했다.

:: 화산 폭발에 삼성 반사익 기사, 질타

2011년 2월 일본 규슈의 화산이 연이어 폭발했다. 연이은 화산 폭발로 일본은 52년 만에 최대 피해를 입었다. 부상자가 속출했고 농작물 피해도 잇따랐다. 당시 국내 한 신문이 ‘삼성전자, 日 화산 폭발이 반가운 이유’라는 제목으로 일본의 화산 폭발이 삼성전자에 호재로 작용할 것이라는 기사를 썼다. 1주일가량 지속된 화산 폭발로 엄청난 양의 화산재가 분출해 일본 내 교통에 문제가 생겼고, 이로 인해 삼성전자의 경쟁사인 도시바 등의 반도체 수출이 차질을 빚게 됐다는 것이다.

사실 이 같은 기사는 한국 언론의 상투적인 기사다. 한국 언론은 일본이나 대만에서 지진이 발생하면 한국 반도체 업체의 반사익이 기대된다는 기사를 관행적으로 써 왔다. 실제 일본이나 대만에서 지진이 발생하면 삼성전자와 하이닉스의 주가가 상승하는 등 시장에 곧바로 반영된다. 기존의 언론 문법으로 보면 하나도 이상할 게 없는 기사였다.

그러나 트위터러들의 생각은 달랐다. 일본의 화산 폭발로 삼성전자가 반사익을 얻는 것은 사실이지만 이웃 국가가 자연재해로 고

통 받고 있는 와중에 꼭 그런 기사를 써야 하느냐는 것이다. 이번에는 영화배우 박중훈 씨가 나섰다. 그는 그의 트위터(@moviejhp)에 해당 기사를 링크한 뒤 "이웃 일본에서는 화산 폭발로 초비상이 걸렸고, 많은 일본인이 공포에 떨고 있습니다. 이럴 때 나온 한 언론의 기사입니다. 이건 이웃에 대한 예의를 지나 인간에 대한 결례입니다. 부끄럽습니다."라는 트윗을 날렸다.

트위터러들은 "박중훈 씨 이제 보니 개념 배우네!", "우리나라 언론들은 정말 찌라시 수준이에요.", "한국인으로서 창피합니다. 대신 일본인들에게 사과합니다." 등의 반응을 보였다.

이같이 성숙한 반응은 일본 대지진 직후에도 나왔다. 2011년 3월 11일 일본 대지진 직후 국내 언론은 '일본 침몰', '떼죽음' 등의 선정적인 단어를 사용했다. 수많은 피해자와 실종자가 있음에도 야구선수 김태균 선수의 컨디션과 한류에 미칠 영향을 먼저 걱정했다.

3월 12일《조선일보》는 1면 헤드라인에 '떼죽음'이란 단어를 썼다.《중앙일보》는 '일본 침몰'이란 제목을 달았다.《서울신문》도 '日本 침몰'이라고 제목을 뽑았다. MBC 〈뉴스데스크〉는 지진으로 인해 일본 내 신한류 열풍이 타격을 입지 않을까 우려된다는 내용을 보도했다. 일부 스포츠지들은 김태균 선수의 컨디션을 걱정했다.

트위터 이용자들은 이 같은 보도에 실망과 분노를 쏟아냈다. "휴머니즘의 기본도 없는 한국 언론", "이것이 대한민국 언론이다! 황색 언론을 넘어서는 똥색 언론!", "우리 언론은 찌라시나 쓰레기

영국 《인디펜던트》 1면

수준을 넘어 독극물 같다." 등의 신랄한 트윗을 쏟아냈다.

이 와중에 트위터 아이디 @nyanyaaaachu가 영국 《인디펜던트》의 1면 사진을 트위터에 올렸다. 《인디펜던트》는 일장기 위에 일어로 "힘내라 일본, 힘내라 동북"이라는 메시지를 실었다. 트위터 이용자들은 "이런 게 국격이다.", "우리나라 언론 정말 반성해야 합니다.", "인디펜던트 정말 멋지다.", "눈물이 날 정도로 부끄럽다." 등의 반응을 보였다.

이후 트위터에서는 일본 응원 물결이 일었다. '힘내라 일본' 응원 글이 트위터를 도배했다. 《위키트리》도 이에 동참했다. 《위키트리》는 일본인들에게 희망과 응원의 메시지를 보내고자 일본어 자동번역 트위터 메시지 서비스를 열었다. 한국어로 하고 싶은 말을 적으면 일본어로 자동 번역돼 트윗을 날릴 수 있게 했다. 그 반대도 가능하게 했다. 서비스가 시작되자 많은 트위터러들이 '힘내라 일본' 메시지를 남겼다. 이후 일본 트위터러들이 속속 감사의 뜻을 담은 답글을 보내왔다.

자동번역 서비스 바로가기 : http://bit.ly/gma5zD

이후 독도 문제가 불거지자 트위터러들은 다시 반일 모드로 돌아섰다. 하지만 독도 사건 이전만 해도 한국의 트위터러들은 유감없이 인류애를 발휘했다. 한국의 트위터러들은 친일파인가라는 착각이 들 정도였다. 필자는 트위터에서 성숙한 대일의식을 본다. 그리고 21세기 한일 동반자 관계의 가능성을 본다.

우리의 앞 세대들은 일본을 무조건 싫어했다. 그 이면에는 우리가 일본보다 못하다는 '콤플렉스'가 있었다. 어렸을 때, 아버지로부터 귀에 못이 박히도록 들었던 얘기가 "한국인은 모래지만 일본인은 진흙."이라는 말이었다. 한국은 아무리 해도 일본을 따라 잡을 수 없다는 말이었다. 일제 시대 말기를 산 우리 아버지들은 일본을 도저히 넘을 수 없는 벽으로 인식했다.

그러나 우리 세대는 그렇지 않다. "일본 그것 별 것 아니다."라는 생각을 하며 산다. 실제 삼성이 소니를 제쳤다. 한때 세계를 제패했던 소니다. 지금 애플과 같은 존재였다. 그런 소니를 한국의 삼성이 제친 것이다. 일본 문화가 개방되면 일본 '망가(만화)'가 한국을 집어 삼킬 것이라고 걱정했다. 그러나 한국에서 부는 일류보다 일본에서 부는 한류가 더 강력하다. 한일 월드컵 때 우리는 일본을 압도했다. 일본은 16강에서 멈췄지만 우리는 4강까지 갔다. 경기 외적인 부분에서도 우리가 앞섰다. '길거리 응원'이라는 새로운 문화상품을 전세계에 수출했다. 한일 월드컵 하면 세계인들은 붉은 유니폼을 입고 길거리를 누비는 한국을 생각할 것이다. 한일 월드컵이 아니라 한국 월드컵이라고 해도 과언이 아니었다.

　이제 일본은 더 이상 넘어설 수 없는 산이 아니다. 우리가 충분히 넘어설 수 있는 나라다. 우리 세대는 일본에 대한 자신감을 가지고 있다. 자신감이 있으니 일본에 대한 배려가 가능한 것이다. 일본에 대해 인류애도 발휘할 수 있는 것이다. 트위터러들은 기본적으로 일본을 싫어하지만 그들이 잘했을 때는 잘했다고 칭찬해 주고, 그들이 안됐을 때는 진정으로 위로해 줄 '여유'가 있다. 한일 관계의 새 장을 여는 신인류의 출현이라고 해도 과언은 아닐 것이다.

MB, "한국은 복지국가다"

 복지가 시대의 화두다. '원조 보수'라고 할 수 있는 박근혜 전 한나라당 대표도 복지를 언급할 정도다.

트위터러 역시 복지에 관심이 많다. 수시로 "최저임금 보장하라.", "독일이 선진국이어서 대학이 무료인 것이 아니라 대학이 무료여서 선진국이 됐다." 등의 트윗이 나온다. 나오면 언제나 무한 리트윗이 인다.

트위터러들은 이명박 정부가 4대강에 예산을 다 쏟아 부어 복지 예산이 크게 줄었다고 생각하고 있다. 현재 우리나라의 사회복지 지출 비중은 OECD 평균의 3분의 1에 불과하다. 그런데 전 산업의 부가가치 총액에서 건설업이 차지하는 비중은 OECD 국가 중 가장 높다. 예산이 다 어디로 갔는지 자명하다.

그럼에도 이명박 대통령은 2011년 연초에 "복지 예산이 역대 최대이고, 복지국가라고 해도 과언이 아니다."라고 말했다. 복지 예산이 역대 최대인 것은 사실이다. 그러나 물가인상과 노령인구 증가에 따른 노령연금 등 자연증가분을 고려할 때 실질 복지 예산은 줄었으면 줄었지 결코 늘지 않았다.

트위터에서 복지 논쟁을 촉발한 장본인은 오세훈 서울시장이다. 오 시장은 2010년 12월 7일 "무상급식을 못 막으면 대한민국이 망한다."며 곽노현 서울시 교육감에게 TV 공개토론을 제안했다. 오 시장은 "다음 선거에서 이 같은 포퓰리즘이 더욱 기승을 부려 결국 대한민국이 망할 것."이라는 논리를 폈다.

선대인 김광수 경제문제연구소 부소장(@kennedian3)은 이에 대해 "무상급식 포퓰리즘보다 토건 포퓰리즘이 나라를 망하게 한다."며 "오 시장이 MB에게 잘 보여 대권 경쟁에서 유리한 고지를 점령하기 위해 무리수를 두고 있다."고 비판했다. 이후 선 부소장은 오 시장이 무상급식에 대한 발언을 할 때마다 이에 대한 반박 트윗을 날리는 등 '오세훈 트위터 저격수'로 맹활약하고 있다. 특히 선 부소장이 한때 오 시장을 보좌했기 때문에 호소력이 더 컸다.

트위터러들은 오 시장의 주장에 비난 트윗을 쏟아냈다. 특히 오

시장은 무상급식 반대 광고를 하면서 나체 아동을 등장시켜 아동학대라는 비난까지 자초했다. 트위터러들은 "최철원은 금전깡패, 오세훈은 이념깡패." "오 시장이 벗었으면 더 좋았을 텐데." 등의 비난 트윗을 쏟아냈다. 트위터러들은 비난 트윗에 그치지 않고 각종 패러디를 양산했다.

오 시장 발언은 2010년 최고의 망언에 선정되기도 했다. 오 시장의 발언이 트위터러가 선정한 '2010년 최악의 개드립'으로 꼽힌 것. '개드립'은 '개소리+애드립'을 합성한 인터넷 용어로 적절치 못

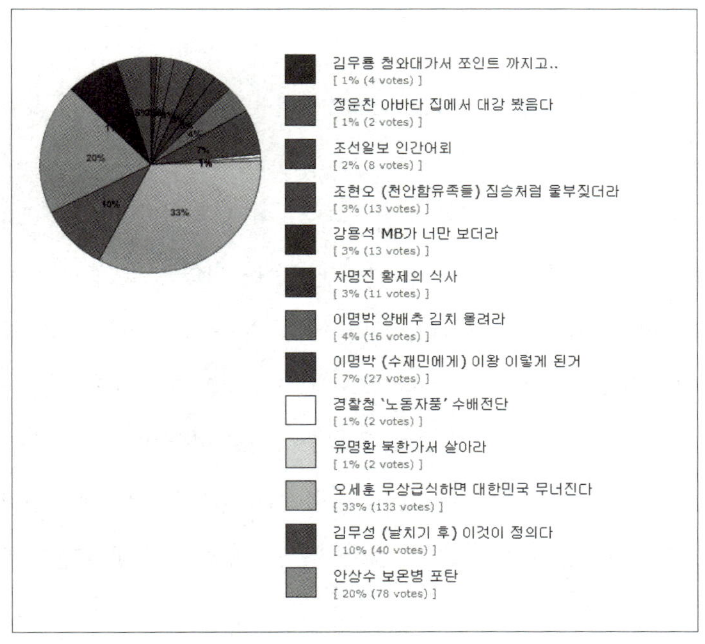

'2010년 최악의 개드립' 투표 결과

2010년 최악의 개드립 바로가기: http://twtpoll.com/r/ata81s 

한 발언을 비꼬는 표현이다.

정호희 민노총 대변인(@baltong3)은 트위터와 연계된 여론조사 사이트인 트윗폴(www.twtpoll.com)을 이용해 '2010 최악의 개드립' 선정을 제안했다. 트윗폴 결과, 오세훈 서울시장의 "무상급식 하면 대한민국이 망한다."가 33%로 압도적 1위에 올랐다. 2위에는 안상수 한나라당 대표의 "보온병 포탄"(20%)이, 3위에는 김무성 한나라당 원내대표의 "(날치기 직후) 이것이 정의다."(10%)가 각각 선정됐다.

:: 이진원, "도토리 싫어 고기 먹고 싶어"

이 와중에 대한민국의 복지 수준이 얼마나 열악한지를 적나라하게 보여주는 사건이 터졌다. 인디밴드 이진원의 도토리 파동과 영화감독 최고은의 죽음이었다. 트위터러들은 두 젊은 예술가의 죽음에 경악했다. 유명한 인디밴드 가수였던 '달빛요정 역전만루홈런'(본명: 이진원)은 2010년 11월 6일 37세의 나이로 불귀의 객이 됐다. 뇌출혈로 쓰러진 지 6일 만이었다. 이진원은 1인 밴드로 활동하면서 감각적이고 진솔한 노랫말, 힘 있는 가창력으로 인디계에서 사랑받는 뮤지션이었다.

여기까지는 그냥 평범한 인디밴드 가수의 죽음이었다. 그러나 생전에 그가 음원 사용료로 싸이월드의 사이버머니인 도토리를 받았다는 소식이 알려지면서 트위터러의 분노가 폭발했다.

그는 생전《한겨레신문》과 인터뷰에서 "2004년 부른 '절룩거리네'와 '스끼다시'가 싸이월드 미니홈피 배경 음악으로 인기를 끌었다. 하지만 음원 사용료가 일정액에 도달하지 못했다는 이유로 디지털 음원사로부터 돈 한 푼 받지 못했다. 그래서 항의하자 도토리를 줬다."고 밝혔다. 트위터러들은 싸이월드 운영사인 SK커뮤니케이션즈를 성토하기 시작했다. 특히 트위터러들은 이진원이 2008년 발표한 3집에 「도토리」라는 곡을 수록한 것이 SK커뮤니케이션즈에 대한 분노의 표현이라고 해석했다.

그는 이 노래에서 "도토리, 이건 먹을 수도 없는 껍데기, 이걸로 뭘 하란 말야…. 아무리 쓰레기 같은 노래지만 무겁고 안 예쁘니까 이슬만 먹고 살 수는 없어. 일주일에 단 하루만 고기 반찬 먹게 해줘. 도토리 싫어, 라면도 싫어, 다람쥐 반찬 싫어, 고기 반찬이 좋아. (중략) 당당하게 일주일에 단 하루만 고기 반찬, 고기 반찬, 고기 반찬 먹게 해줘, 도토리 싫어, 도토리 싫어, 주려면 좀 많이 주든가. 팔아서 고기 반찬 해먹게."라며 무명 인디 음악인의 좌절과 울분을 토로했다.

트위터러들은 분노의 트윗을 토해냈다. 그가 사망한 6일 밤 10시 현재 리트윗 순위를 집계하는 followkr.com의 리트윗 순위 1위부터 10위까지가 모두 이진원의 도토리 관련 트윗이었다. SK커뮤니케이션 측은 사실이 아니라고 공식 부인했지만 분노한 트위터러를 달랠 순 없었다.

고 이진원은 최근 'Songfair'라는 음원 직거래 장터 
(http://twitter.com/#!/songfair)로 부활했다. 동료 음악인들
이 제2의 이진원을 막기 위해 음원 직거래 장터를 연 것. 음악을 듣
고자 하는 이들에게 디지털 음원을 1대1 이메일로 전송하며 수익의
90%를 음악가에게 준다. 또 음악가가 직접 자신의 음원 가격을 결정
할 수 있게 했다.

:: 최고은의 '밥과 김치', 대한민국을 흔들었다

한국종합예술학교 출신의 전도양양한 한 여성 시나리오 작가의
죽음이 대한민국을 뒤흔들었다. 고 최고은(32) 씨는 병마와 가난과의
싸움 끝에 2011년 1월 29일 월세방에서 변사체로 발견됐다. 특히 그
녀가 남긴 메모가 심금을 울렸다. 그녀는 사실상의 유서가 된 메모에
"그동안 많은 도움을 주셔서 감사합니다. 창피하지만, 며칠째 아무
것도 못 먹어서 남는 밥이랑 김치가 있으면 저희 집 문 좀 두들겨 주
세요."라는 글을 남겼다.

깡마른 상태로 숨진 최 씨를 발견한 사람은 같은 다가구주택에
살던 또 다른 세입자 송모 씨. 최 씨의 사정을 딱하게 여긴 송 씨가
음식을 챙겨 왔지만 최 씨는 이미 숨진 뒤였다.

최 씨는 2007년 한예종 영화과(시나리오 전공)를 졸업한 뒤 실력
을 인정받아 제작사와 시나리오 계약을 맺었지만 영화 제작까지 이

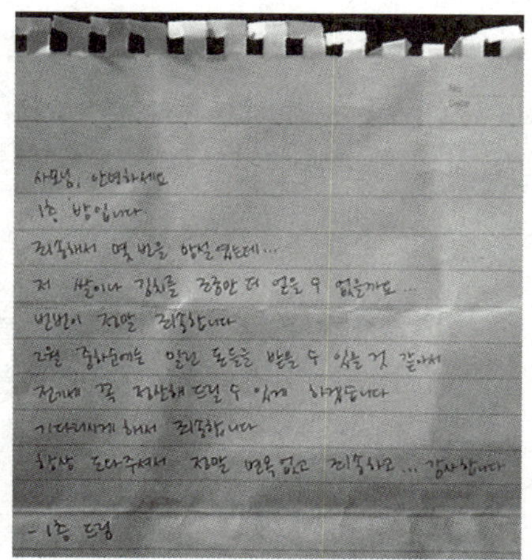

최고은 씨의 메모
〈출처: 민중의 소리〉

어지지 못해 극심한 생활고에 시달렸다. 이 때문에 최 씨는 평소 지인들에게 "나는 5타수 무안타"라는 말을 입버릇처럼 했다고 한다. 이 같은 사실이 알려지자 트위터는 그에 대한 추모와 사회 비판 글로 넘쳐났다.

달빛요정 이진원 씨는 "도토리 싫어", 최고은 씨는 "남는 밥 좀 주오"라는 슬픈 유언을 남겼네요. 단순히 가난한 예술가들의 초상이 아니지요. 음원 수익 배분과 시나리오 계약과 같은 구조의 문제. 약자를 갈취하는 틀을 바꾸지 않으면 비극은 계속될 겁니다. @leesongheeil

최고은 작가의 죽음은 명백한 사회적 타살이고, 난 변

명의 여지없이 공범이다. (나우 필름 이준동 대표)

재능보다 운으로 밥걱정 없이 사는 내가 참으로 초라해지는 밤입니다. (배우 엄지원)

김은숙 작가는 새우깡 한 봉지로 사흘을 버틴 적도 있다고 했다. 그 사흘 동안 그이가 죽을 수도 있었다. 모두가 마법이 되지는 않는다. 성공한 이들의 시련, 나도 '해봤어이즘'은 그래서 독이다. @faddishjay

저, 잘 모르겠습니다. 서른두 살의 작가의 죽음, 이렇게까지 사람을 비참하게 만들어도 되는 건지. 눈물이 납니다. @heenews(이정희 민노당 대표)

한예종을 졸업한 시나리오 작가가 병마와 굶주림에 시달리다 사망했다는 기사를 보았다. 이럴 수가. 어떻게… 적어도 모든 사람이 먹고는 살 수 있다고 믿는 이 나라에서… 서른 갓 넘긴 그녀는 얼마나 외롭게 죽어갔을까. @chinablue9

저보다 어린 여자가, 동료 작가가 차가운 방에서 굶어 죽었습니다. 펄쩍펄쩍 뛰어도 계속 눈물이 납니다. 어떻게 그런 일이 생길 수 있는지 정말 모르겠습니다. @yohjini(배우 김여진)

오늘은 트윗한 것이 처음으로 후회되었다. 아사한 젊은 영화인 이야기에 황망해져 진료 중 만나는 아이들에게 자기 꿈을 밀고가란 말도, 꿈을 가지란 말도 나오지 않았다. 꿈의 부족이 이 시대의 문제는 아니다. 꿈이 없어야 죽지는 않는 사회가 문제다. @suhcs(서천석 소아정신과 전문의)

　이 중 가장 인상적인 것은 고민정 KBS 아나운서의 트윗이었다. 그는 마치 "내 남편을 보는 것 같다"고 했다. 고민정 아나운서는 자신의 트위터에 "최고은 작가의 죽음. 마치 결혼 전 옥탑방에 살던, 지금은 내 동반자가 된 이 사람이 눈을 감은 것만 같아 자꾸 가슴이 아파온다. 연애 시절 보게 된 그의 시에서 그는 몇 백 원이 없어 수 시간을 걸어 집에 갔다고 했다. 그걸 보고 한참을 울었던, 잊고 있었던 그 기억이 자꾸만 떠오른다."고 밝혔다. 고민정 아나운서의 트윗이 트위터러의 마음을 울린 것은 그 자신이 11살 연상의 가난한 시인과 결혼했기 때문이다.

　트위터러들은 추모에 그치지 않고 사회 구조를 개혁해야 한다고 입을 모았다. 당시 문광위 소속 국회의원이었던 최문순 강원지사는 자신의 트위터를 통해 '예술인 복지법'을 추진하겠다고 약속했다.

　한 트위터러는 "『해리포터』라는 희대의 히트작을 낸 조안 롤링도 『해리포터』가 뜨기 전엔 실업수당에 의지해 산 가난한 예술가였다. 영국의 실업급여 제도가 없었다면 오늘의 조안 롤링은 없었을 것이다. 문화 선진국을 지향한다면 최소한 '예술인 복지법' 정도는 있어야 하지 않을까?"라며 제도 개선을 촉구했다.

　이명박 대통령은 한국은 복지국가라고 해도 과언이 아니라고 했다. 그러나 젊은 예술가들은 "도토리 싫어. 고기 먹고 싶어.", "밥이나 김치를 조금만 더 얻을 수 있을까요."라고 절규하며 세상을 떠났다.

:: 제3장 ::

트위터와 정의 사회 안내서

김여진과 날라리, 사고쳤다

2011년 들어 트위터 최대의 사건은 단연 홍대 청소·경비 용역 노동자의 승리다. 2011년 2월 20일 홍대가 청소 노동자들의 고용승계를 약속함에 따라 49일간의 투쟁이 승리로 막을 내렸다. 이건 단순히 홍대 노조 분회 차원의 승리가 아니었다. 양식 있는 시민과 각 분야의 노동 세력이 결집해 이뤄낸 쾌거였다. 특히 그 연대의 끈을 이은 것이 트위터였다. 트위터를 통해 제세력이 연대했고, 그 정점에 '김여진과 날라리'가 있었다. 2011년 트위터 10대 이슈를 꼽는다면 단연 이 뉴스가 1~2위를 다툴 것이다.

홍대가 파업에 들어갔을 때 주류 언론은 전혀 관심을 기울이지 않았다. 오직 트위터에서만 이야기가 되고 있었다. 트위터의 이야기를 이슈 수준으로 끌어 올린 장본인이 배우 김여진이었다. 김여진은 홍대 노동자들이 농성에 들어갔다는 소식을 듣고 홍대 현장을 직접 찾아 갔다. 그리고 홍대 총학생회장에게 편지를 썼다. 홍대 총학생회장에게 쓴 편지는 이번 사건을 이슈화하는 데 결정적 계기가 됐다. "무거운 짐 벗어 놓고 밥 한 끼 하자."는 그의 편지는 감동적이었다.

편지 전문 바로가기: http://bit.ly/f4XShS

김여진과 그의 추종자들은 '김여진과 날라리'라는 팀을 만들었다. 투쟁도 재미있게 하자는 취지였다. 이후 모금 운동이 시작됐다. 김여진과 날라리는 순전히 트위터를 통해 1,200만 원을 모금했다. 이 돈으로《조선일보》에 '밥 한 끼' 광고를 냈다. "홍익대 총장님 같이 밥 한 끼 먹읍시다."로 시작되는 광고는 공전의 히트를 치며 홍대 노동자 문제를 트위터 이슈에서 전 사회적 이슈로 끌어 올렸다.

김여진과 날라리가《조선일보》에 광고를 게재한다고 하자 일부 트위터 이용자들은 "한겨레나 경향에 하지 왜 하필이면 조선일보냐."고 따졌다. 김여진과 날라리는 "그들도 보라고 일부러 조선일보에 광고를 한다."고 말했다. 트위터러들은 김여진과 날라리의 깊은 뜻에 전적으로 공감했다.

1월 21일자《조선일보》에 날라리 외부 세력의 광고가 나갔다. 《조선일보》에 광고가 나가자 다음날 트위터는 밥 한 끼 광고를 캡처한 사진으로 도배됐다.

이 광고는 여기서 그치지 않고 트위터에서 마법을 일으켰다. 광고가 나간 지 이틀 후인 23일 정호희 민주노총 대변인은 김여진과

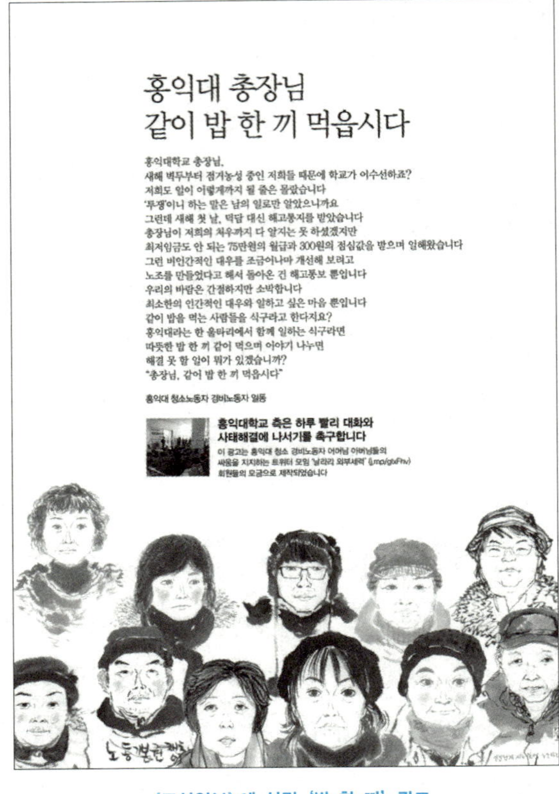

〈조선일보〉에 실린 '밥 한 끼' 광고

날라리가 제작한 광고에 다음과 같은 멘션을 달아 트윗을 날렸다. "조선일보 독자가 몇 명인지는 모르겠지만 한국 트위터 사용자가 250만이 넘는다니 100만 명쯤은 볼 수 있게 RT합시다."

이 트윗이 나가자 엄청난 리트윗이 발생했다. 특히 김제동, 공지영, 독설 등 파워 트위터러들이 일제히 리트윗을 했다. 김제

동(@keumkangkyung) 씨는 "우리 함께 갑시다."라는 멘션을 달
아 리트윗했고, 파워 트위터러인 독설은 또다시 "자 고고싱."이라
며 리트윗을 했다. 김여진 씨는 "아아~ 제동 씨 고마워요ㅜㅜ"라
고 화답했고, 첫 트윗을 날렸던 정호희 대변인은 "마법입니다."라
고 맞장구를 쳤다. 이 트윗은 5,000개 이상의 리트윗이 일어 트위
터 역사상 최다 리트윗을 기록했다.

그렇게 해서 홍대 이슈는 전 사회적 이슈가 됐다. 타 단위노조
가 움직이기 시작했다. 하나금융지주의 외환은행 인수 저지 투쟁을
벌이고 있는 외환은행 노조는 전 직원들이 매주 1회 점심을 한 끼 굶
고 그 돈을 모아 홍대 청소 노동자를 지원키로 했다.

외환은행 노조는 트위터(@kebforever)를 통해 "저희 외환은행
전 직원은 매주 1회 점심을 굶고, 그 비용을 모아 홍대 청소 노동자
및 타 쟁위 사업장을 지원하기로 결정하였습니다. 외환은행 노조도
치열한 싸움을 하고 있지만 함께 사는 세상 만들기에 힘써 나가겠습
니다."라는 트윗을 날렸다. 트위터 이용자들은 "아름다운 점심", "무
한연대" 등의 멘션을 달며 열광적인 지지를 보냈다.

외환은행뿐이 아니었다. 손난로 전문 업체인 이노케어시스템즈
(@inno_care)가 홍대 노동자들에게 손난로를 제공하겠다는 트윗을 날
렸다. 이노케어시스템즈는 자사의 트위터를 통해 "[RT요청] 해고된
홍대 청소 · 경비 용역 노동자들이 여전히 추위에 떨고 있습니다. 이
노케어시스템즈에서 기한 없이 RT 10회당 충전식 손난로(정가 3만
8000원) 1대를 홍대 어머님들께 보내드리겠습니다. 응원 글과 함께

RT해 주세요."라는 트윗을 날렸다.

이 같은 트윗이 나가자 폭풍 RT가 일었다. 한 시간 만에 1,700개의 리트윗이 발생해 캠페인을 중단했다. 중단한 이후에도 리트윗이 몰려 3,000개 이상의 리트윗이 발생했다는 후문이다. 이노케어시스템즈는 120개의 손난로를 홍대에 택배로 배달, 미션을 완료했다.

이번에는 출판사가 나섰다. 구매 기부(구매와 동시에 기부)를 핵심으로 하는 사회적 기업 바이엔조이(www.buyandjoy.co.kr)는 문학동네 등 약 30개 출판사와 함께 RT 10개당 책 1권을 기증하는 캠페인을 벌였다.

2월 20일 결국 홍대는 청소 노동자의 고용을 승계키로 했다. 홍대 사태가 노동자의 승리로 귀결되자 한 트위터러는 "연대의 힘이다. 김여진과 날라리 그리고 트위터가 큰일을 했다."라는 트윗을 날렸다.

이번 사건의 핵심은 모든 과정이 트위터를 통해 이뤄졌다는 점이다. 이슈 제기도 트위터에서 했고, 광고비 모금도 트위터에서 했으며, 연대도 트위터를 통해 이뤄졌다. 모든 것이 트위터로 이뤄진 노동운동의 첫 성공 사례였다.

예전에 노동운동은 먼저 언론을 움직여야 했다. 언론을 움직여야 여론이 움직이기 때문이다. 그러나 이제는 언론을 움직일 필요가 없다. 트위터 자체가 언론이기 때문이다. 이제 트위터를 이용, 여론을 직접 움직이면 된다. 한국 노동운동사에 신기원이 열린 것이다.

이후 김여진 씨는 이슈가 되는 현장을 언제 어느 곳이나 방문하

구로 경찰서 앞에 있는 배우 김여진 씨
〈출처: @mwlove73〉

고 있다. 지난 3월 21일에는 국보법 위반 혐의로 학생들이 대거 연행되자 구로 경찰서를 직접 찾아갔다. 트위터 이용자 @mwlove73은 "배우 김여진 씨가 경찰서 앞에서 추위에 떨고 계신다."는 멘션과 함께 인증샷을 트위터에 올렸다.

김여진 씨는 또 지난 4월 10일 민주노총 부산본부 김진숙 지도위원이 35m 크레인에서 고공농성을 벌이고 있는 부산 한진중공업 영도조선소를 찾아 갔다. 「어디선가 누군가에 무슨 일이 생기면 틀림없이 나타난다 홍반장」이란 영화처럼 김여진은 어디선가 누군가에 무슨 일이 생기면 틀림없이 나타나는 김반장이 됐다. 이러다가 김여진 씨, 영화배우보다 사회운동이 본업이 될지도 모르겠다. 문성근 씨처럼.

트위터 노동운동의 전범, 외환은행

:: 트위터와 노동운동의 동거

최근 노동운동 세력은 기존의 언론을 거치지 않고 트위터 등 SNS를 이용, 직접 대국민 선전전에 나선다.

트위터를 노동운동에 활용한 사례는 많다. 35m 크레인 위에 올라가 투쟁하고 있는 민주노총 부산본부 김진숙 지도위원은 트위터를 통해 외부와 소통한다. 각종 노동쟁의 현장에서 트위터로 외부와 교신하는 것은 이제 전혀 낯선 풍경이 아니다.

홍대 청소 · 경비 용역 노조도 트위터를 잘 활용했다. 그러나 홍대는 노동자 스스로가 트위터를 이용한 것이 아니라 트위터러들이 홍대 노조를 도운 것이었다.

노조가 트위터를 잘 활용한 사례는 외환은행 노조(@kebforever)가 처음인 것 같다. 하나금융지주의 외환은행 인수를 저지하기 위해 투쟁 중인 외환은행 노조는 트위터를 통해 국민들에게 외환은행 인수의 부당성을 적극 홍보했다. 실제 리트윗 순위를 집계하는 followkr.com 상위를 외환은행 관련 트윗이 다수 차지했다. 외환은행 노조는 노조의 소리에 귀기울이지 않는 기성 언론을 제치고 트위터를 통해 직접 국민을 만나고 있는 것이다.

:: 외한은행 노조, 홍대 도우미 자처

외환은행 노조는 외환은행의 선전전을 효과적으로 할 뿐만 아니라 다른 노조의 투쟁에도 도움을 줘 호평을 받고 있다. 먼저 홍대 청소·경비 용역 노조 도우미를 자처하고 나섰다. 외환은행 노조는 직원 8,000여 명이 일주일에 점심 한 끼를 굶어 모금한 돈으로 홍대 노동자들을 지원했다. 홍대가 2월 20일 노동자의 고용 승계를 결정해 더 이상 도움이 필요 없어지자 해고된 쌍용차 가족 등 사회적 소외 계층에게 도움을 주고 있다.

특히 외환은행 노조는 전신화상을 입은 '아연이'에게 큰 도움을 주었다. 아연이의 사연은 이렇다. 2010년 10월 13일 전열 기구에서 시작된 불이 화마가 되어 한 가족을 덮쳤다. 12살 된 딸 아연이를 먼저 구한 아버지는 9살의 아들을 구하기 위해 또다시 화염 속으로 들어갔다. 딸과 엄마는 12층의 베란다에서 불길과 연기를 피하며 아빠의 뒷모습을 지켜보았지만 아빠는 끝내 돌아오지 못했다.

외환은행 노조는 불의의 화재로 사랑하는 아빠와 동생을 잃고 자신도 전신 3도 화상을 입은 아연이의 소식을 트위터를 통해 접하고 이른바 '아름다운 점심'으로 모은 기금 일부를 기부하는 한편 자선 콘서트 장소를 제공했다. 콘서트는 3월 10일 오후 7시 을지로 외환은행 본점 대강당에서 열렸다. 역시 트위터를 통해 재능 기부로 모집된 국립오페라 합창단, 뮤지컬 배우, 마술사 등이 참여해 성황리에 공연을 마쳤다.

:: "비행기 띄우겠다", 통 큰 기부 약속 화제

일본 대지진이 터지자 외환은행 노조의 활약은 눈부셨다. 일본 복구 지원을 위한 기부금의 경우, 송금 수수료 완전 면제에 환율 우대 100%를 실행했다. 이와 함께 일본으로 송금하는 모든 개인 및 기업 고객을 대상으로 송금 수수료를 전액 면제하고, 일본인 개인과 일본 외국인 투자기업 고객이 엔화 현찰과 엔화 여행자수표를 환전할 때, 환전 수수료율 90% 우대서비스를 제공했다.

대주주인 론스타의 반대로 좌절되긴 했지만 비행기를 띄워 일본 유학생들을 공수해 오는 통 큰 사회 기여를 기획하기도 했다. 외환은행 노조는 일본 유학생들이 비행기 값이 비싸 마음대로 귀국하지 못하고 있다는 소식을 듣고 특별수송기를 띄울 계획을 세웠다. 외환은행의 주 수익원 중 하나가 유학자금 송금이기 때문에 일본 유학생들은 중요 고객이기도 했다. 외환은행 노조는 비행기를 띄워 일본에 갈 때는 구호품을 싣고 가서 나누어 주고, 올 때는 유학생들을 실어오려 했다. 민간 기업이 전세기를 동원, 유학생들을 후송하려는 것은 국내 최초의 시도였다. 외환은행 노조는 이를 위해 대한항공과 실무 협상을 모두 마친 상태였다. 그러나 회사의 반대로 결국 실행에 옮기지 못했다.

사측이 노조의 제의를 거부한 것은 외환은행 노조가 유학생들을 실어온다면 사회적 이슈가 돼 언론의 각광을 받을 것이고, 언론의 집중 조명을 받으면 하나금융지주의 외환은행 인수 과정에서 문제가 생길 수 있기 때문이다. 외환은행을 하나금융지주에 팔고 이익을 실현하려는 대주주 론스타가 강력히 반대한 것으로 알려졌다.

사측이 끝까지 반대하자 노조는 조합비로 비용을 충당하려 했다. 한번 비행기를 띄우는 데는 약 3억 원이 들어간다. 조합비로 충당할 수 있는 수준이었다. 그러나 '귀족 노조'라는 비판이 나오는 등 역효과가 날 수 있다는 지적에 밀려 결국 포기해야 했다.

외환은행의 통 큰 기부 약속은 트위터러들의 비상한 관심을 모았다. 당시 트위터러들은 "국가가 못하는 일을 노조가 하는 것을 보고 싶다."며 응원의 무한 RT를 했다. 비록 실패했지만 이슈 메이킹에 성공한 셈이다.

외환은행은 이뿐 아니라 본연의 선전전도 효과적으로 전개했다. 하나금융지주의 외환은행 인수 부당성을 지적하는 트윗을 올리는 것은 물론 직원들이 피켓을 들고 시위하는 장면을 수시로 트위터에 올려 외환은행에 대한 관심을 환기시켰다.

이 같은 사진은 '외은 직원의 센스 돋는 시위 구호' 등의 제목으

외환은행 임직원 중 한 직원이
하나금융지주의 외환은행 인수는 정권이 대한민국 정의를 저버리는
부정 부패한 일임을 주장하는 피켓을 들고 있다.
〈출처: 트위터 @welovehani〉

로 트위터에서 널리 유포됐다. 이뿐 아니라 금융위 앞에서 벌이는 삼보일배 사진과 동영상을 수시로 트위터에 올려 트위터러의 관심을 유도했다.

이 중 트위터러의 가장 많은 관심을 받은 사진은 외환은행 노조원들이 지하철 좁은 통로에서 도시락을 먹는 장면이었다. 이 사진은 "정말 고생한다."는 말이 절로 나올 정도로 진한 여운을 남겼다.

외환은행 노조는 이 모든 것을 트위터를 통해 했다. 트위터를

지하철의 좁은 통로에서 도시락으로
끼니를 때우는 외한은행 노조원들의 모습
〈출처: @virtue8311〉

본격적으로 활용한 대한민국 최초의 노조라고 해도 과언이 아니다. 외환은행 노조의 이 같은 노력 등으로 금융위가 론스타의 대주주 적격성 여부를 법원 판결 이후로 미룸에 따라 하나금융지주의 외환은행 인수는 아주 어려워졌다. 외환은행 노조는 트위터를 제대로 활용한 최초의 노조로 대한민국 노동운동사에 기록될 것이다.

트위터는 캠페인 천국

트위터는 캠페인 천국이다. 특유의 속보성과 응집력으로 자연발생적으로 각종 캠페인이 벌어진다. 캠페인이 결실을 맺은 경우도 많다. 대표적인 사례가 '피자 30분 배달제' 폐지다. 피자 30분 배달제는 트위터 캠페인을 시작한 지 1주일 만에 폐지됐다.

최근 트위터러의 가장 큰 관심 중 하나가 '소방관 노후 장비 교체'다. 트위터러들이 이슈를 제기했지만 아직 개선되지 않고 있다. 그러나 언젠가는 개선될 것이다. 개선될 때까지 계속해서 트위터러들이 이슈를 제기할 것이기 때문이다.

2011년 2월 14일 트위터에서는 "30분 배달 피자는 먹지 않겠습니다."라는 캠페인이 벌어졌다. 이는 전일 영등포 문래동에서 19세의 피자배달부가 버스에 치여 사망했다는 소식이 알려졌기 때문이다. 이 피자배달부는 대학 입학을 2주 남겨 놓고 있었다.

파워 트위터러로 유명한 @mediamongu는 "어제 저녁 버스기사의 신호 위반으로 교통사고를 당해 목숨을 잃은 피자 배달 학생의 명복을 빕니다. 대학 입학을 2주 남기고 알바를 하다 참변을 당했네요. 피자 30분 배달제 폐지를 다시 한 번 촉구합니다."라는 트윗을 날렸다. 트위터 아이디 @headongmeori도 "피자 30분 배달 정책으로 알바 청소년들이 죽고 있습니다. 전 오늘부로 30분 배달 피자는 먹지 않겠습니다. 트친님들도 함께해요."라는 트윗을 올렸다.

트위터 이용자들은 "피자 30분 만에 안 왔다고 잔소리 퍼붓지 말자.", "저도 동참합니다.", "이런 건 무조건 RT", "목숨과 바꾸는 피자는 반대." 등의 멘션을 붙이며 무한 RT를 했다.

앞서 지난해 12월에도 오토바이를 타고 배달을 가던 20대 피자배달부가 교통사고로 사망하는 사건이 발생해 피자 배달 30분제를 폐지해야 한다는 여론이 크게 일었었다.

트위터에서 30분 배달제가 이슈가 되자 2월 21일 한국도미노피자는 30분 배달제 폐지를 선언했다. 한국도미노피자는 자사 트위터(@dominostory)를 통해 이 같은 사실을 알렸다. 이로써 한국도미노

피자는 18년 만에 30분 배달제를 폐지하게 됐다. 트위터에서 본격적으로 문제를 제기한 시점은 14일, 불과 1주일 만에 도미노피자가 30분 배달제를 폐지한 것이다.

트위터러들은 "트위터의 힘이다.", "트위터가 또 한 건 했다.", "올레!!" 등을 외치며 자축했다.

:: 이제 여러분이 소방관을 구해 주세요!

2011년 1월 광주광역시에서 한 소방관이 20년이 넘은 노후 고가사다리를 이용하다 와이어가 끊겨 추락하는 바람에 숨졌다. 그는 이제 갓 세 살, 한 살 난 아이의 아버지였다.

이석훈 소방교(35)와 노은호 소방사(27)는 2011년 1월 22일 오후 5시 15분께 광주광역시 광산구 월곡동 모 아파트 12층에서 고드름을 제거하던 중 철제 바스켓과 함께 20여 미터 아래로 떨어졌다. 이 소방교는 그 자리에서 숨졌고, 노 소방사는 큰 부상을 입고 전남대학교병원으로 실려 갔다.

2004년 119에 투신한 이 소방교는 지난 2007년 광주시장상을 수상하는 등 모범소방관이었다. 그러나 고드름 제거 작업을 하다 불귀의 객이 됐다.

고 이석훈 소방교는 국립묘지에 안장되지 못할 뻔했다. 현행 소방공무원법상 소방공무원은 화재 진압이나 구조·구급 또는 이와 관련된 업무 도중 사망했을 경우에만 순직군경으로 간주한다. 대민 지원 요청을 받고 출동했다가 희생된 경우 순직군경이 아니라 순직 공무원으로 처리된다.

순직군경의 경우에는 국립묘지에 안장되고 자녀를 둔 배우자에게는 매월 94만 8,000원의 보훈연금과 매월 110만 원의 위험순직 유족연금이 지급된다. 또한 배우자나 자녀에게 교육기관에서 수업료 등이 면제되거나 취업 및 채용 때 가점 부여 등 혜택이 주어진다. 그러나 순직공무원은 국립묘지에 안장되지 못하고 위험순직 유족연금 등도 받지 못한다.

소방관의 경우는 희생된 현장에 따라 순직군경이 되기도 하고 순직공무원이 되기도 하는 기준이 적용되고 있는 것이다. 특히 이번 이 소방교의 경우는 주민 신고를 받고 현장에 나가 위험을 무릅쓰고 업무를 수행하다가 순직했는데도 현장이 화재진압이나 구조, 구급 현장이 아니라는 이유로 순직군경으로 인정을 받지 못하고 있었다.

이 같은 소식에 트위터러들은 격분했다. 트위터러들은 "같은 소방관의 목숨 값이 현장에 따라 달라지느냐?", "그렇다면 소방관들은 화재 현장 말고 다른 지원 현장을 가려고 하겠느냐?", "소방관 출신 국회의원이 없어서 그런 것."이라며 비판을 쏟아냈다. 트위터러와 누리꾼의 비난이 거세지자 정부는 이 소방교를 순직군경 처리했고, 이 소방교는 대전 현충원에 안장됐다.

이와 함께 소방관들의 처우 개선 요구 트윗도 봇물처럼 터져 나왔다. 트위터 아이디 @119magazine(119 매거진)은 "[100만 서명] 소방관은 여러분을 구합니다. 이제 국민 여러분이 소방관을 구해주세요. 노후 장비, 자비 치료 개선을 위한 100만 서명을 시작합니다. 트위터의 힘을 보여주세요!"라는 트윗을 날렸다.

트위터러들은 스스로 근조리본(▶◀)을 달고 무한 RT를 했다. 《위키트리》 집계로만 700여 개의 RT가 났다. 트위터러들은 "이래서 소방관들도 노동조합을 만들어야 합니다.", "소방관들이 장비가 노후해 생명을 놓는다면 이 나라가 과연 제대로 된 나라입니까?" 등의 멘션을 달며 무한 RT를 했다.

이후 2월 20일 이 사건은 또 한 번 트위터에서 이슈가 됐다. 전일 방영된 SBS 시사교양 프로그램인 〈그것이 알고 싶다〉의 소방공무원 편이 화제가 됐기 때문이다.

〈그것이 알고 싶다〉는 대한민국 소방관들의 애환과 아픔을 조명했다. 광주에서 고드름을 치우다 노후한 고가사다리가 무너지는 바람에 소방관이 숨진 것이 계기가 됐다. 저마다 상처를 지니고 살아가는 순직 소방관의 아내와 자녀, 그리고 오늘도 묵묵히 위험을 무릅쓰고 현장에서 화마와 싸우고 있는 소방관들의 진솔한 인터뷰를 통해 대한민국 소방관들의 애환을 담아냈다. 이 프로그램이 충격적이었던 것은 대한민국 소방관들이 가장 바라는 것이 처우 개선, 치료비 보조가 아니라 노후 장비 교체라는 사실이었다.

이 같은 사실이 알려지자 트위터에서는 소방관들에 대한 지원을 대폭 늘릴 것을 요구하는 멘션이 넘쳐났다. @jomosamo는 "그것이 알고 싶다 소방관의 기도 중 소방관 희망사항 1위는 다른 게 아니라 노후장비 교체다. 디자인하고 한강르네상스에 넣은 돈 일부로도 낡은 사다리차 수십 수백 대는 살 수 있을 듯.”이라는 트윗을 날렸다.

@mediamongu는 “224억 원만 있으면 전국에 있는 사다리차를 새 걸로 교체할 수 있습니다. 224억 원으로 교체한 장비들은 그 이상의 가치로 쓰일 게 분명합니다. 소방관들이 이를 이용해서 더 많은 인명을 더 안전하게 구조할 수 있기 때문입니다.”라고 밝혔다.

트위터러들은 “교체할 때까지 무한 RT 해봅시다.”, “일도 안 하는 국회의원 세비 조금만 줄이면 된다.”, “소방관들께 생명을 드립시다.” 등의 멘션을 붙여 무한 RT를 했다.

트위터러들의 열화와 같은 요구에도 아직 전국의 노후 사다리는 교체되지 않고 있다. 한 트위터러의 말대로 소방관 출신의 국회의원이 없기 때문일까? 소방관들은 우리를 구한다. 이제 우리가 소방관을 구해야 할 차례다.

트위터는 해결사

:: 신라호텔, 하루 만에 트위터러에 굴복

트위터는 해결사다. 트위터러들의 강력한 항의로 실제 제도나 관행이 고쳐진 것이 한둘이 아니다. 대표적인 것이 최근 일어난 신라호텔 사건이다. 뷔페 레스토랑에 한복 출입을 금지했던 신라호텔은 트위터러들의 항의로 하루 만에 공식 사과하고, 제도 개선을 약속했다.

2011년 4월 12일, 한복을 입었다는 이유로 신라호텔 뷔페 레스토랑에 들어가지 못한다는 트윗이 올라왔다.

이날 밤 8시께 트위터 아이디 @joynzuui는 "제가 존경하는 한복디자이너 담연 선생님의 전화를 받았습니다. 늘 단아한 한복 차림으로 우리옷의 아름다움을 전파하시는 담연 선생님이 신라호텔 파크뷰에서 입장을 거절당했답니다. 지배인에게 물으니 한복이 위험한 옷이라서 트레이닝복과 함께 입장불가하답니다.”라고 밝혔다.

트위터러들은 이 같은 소식을 듣고 “일제 강점기 식민지 백성 출입 금지를 연상케 한다.”, “한복이 위험하다고? 그럼 앞으로 호신용으로 입고 다녀야겠다.”, “한복 입으면 오히려 할인해줘야 하는 것 아닌가?”, “그럼 기모노는?” 등의 비난 트윗을 쏟아냈다.

트위터에서 반발이 거세지자 신라호텔 측은 곧바로 한복 문제에 대해 시정조치를 했다고 밝혔다. 파워 트위터러인 @dogsul은 12일 밤 자정께 “〈속보〉 신라호텔 파크뷰에 연락해 보았습니다. 한복 입장 가능해졌다고 합니다. 오늘 저녁부터요. 점심때까지는 금지였는데 총지배인 지시에 의해 가능하게 바꿨다고 합니다. 트위터가 또 한 번 세상을 바꾸었습니다.”라고 전했다. 트위터러들은 “트위터의 승리”라며 환호했다.

그러나 사태는 여기서 끝나지 않았다. 신라호텔이 그날 저녁부터 가능하게 했다고 밝힌 시정 조치는 거짓임이 드러났다. 트위터 아이디 @angel_wiki는 이튿날인 13일 오전 9시께 《위키트리》에 직접 글을 써 “이혜순 선생의 약속은 저녁 6시 30분이었고, 그 시간에 입장을 거절당했으며, 저녁 9시까지 여러 명의 지인들에게 부탁해 신라호텔의 드레스코드를 확인했지만 한복과 트레이닝복은 안 된다는 답변만 반복해서 들었다.”라고 폭로했다. @angel_wiki는 또 “이혜순 선생은 ‘신라호텔의 거짓말에 어이가 없다. (호텔 측에서) @dogsul님에게 한 얘기는 100% 거짓말이다. 분명 나는 저녁때 거절당해 저녁 약속도 지키지 못하고 집으로 돌아왔다. 그런데 점심때까지만 출입 금지였다는 게 말이 되느냐'며 '신라호텔의 거짓말이 놀랍다. 믿을 수 없다. 대표이사의 입장을 들어야겠다'고 질타했다."라고 전했다.

이 같은 사실이 알려지자 김주하 MBC 기자(@kimjuha)는 "이상하다 못해 신기할 지경", 배우 김여진 씨(@yohjini)는 "혹 신라호텔 레스토랑에서 누가 밥 사준다고 할까 봐 미리 하는 고민… 장덕 의녀 버전으로 갈 것인가? 정순왕후 버전으로 갈 것인가?"라는 트윗을 날렸다. 가장 화제가 된 트윗은 개그맨 이병진 씨의 트윗이었다. 이병진 씨(@malbbalra)는 "신라호텔에서 클럽 정모를 한번 할까 합니다. 일요일 낮에 점심이나 먹죠. 다들 한복 입고 오세요."라는 글을 올렸다. 트위터러들은 "저도 동참", "약속 꼭 지키세요." 등의 멘션을 달며 무한 RT를 했다.

트위터에서 이슈가 되자 《경향신문》을 비롯한 주요 언론들도 나섰다. 대부분 언론이 이를 기사화하자 다음날 오전 '신라호텔'이 포털 네이버의 검색순위 2위에 올랐다. 사태가 걷잡을 수 없이 확대되자 신라호텔은 이날 오후 4시께 공식 사과문을 냈다. 신라호텔은 사과문을 통해 "한복을 입고 식당에 입장하려는 고객 분들께 물의를 일으킨 점에 대해 정중히 머리 숙여 사과드린다."고 밝혔다.

2011년 2월 23일 《위키트리》에 "민주당이 사고 쳤습니다. 국민의 힘으로 막아야 합니다."라는 제목의 글이 올라왔다. 필자는 '운수노동자'라는 필명을 쓰는 정호희 민노총 대변인(@baltong3)이었다.

기사의 핵심은 이렇다. 민주당이 비정규직을 더욱 어렵게 만드는 '고용서비스 활성화법' 국회 상정을 덜컥 합의해 줬다는 것이다.

이 법안은 기존 직업안정법을 고용서비스 활성화법으로 바꾸고 민간에게 '복합고용서비스업'이라는 새로운 업태를 인정하는 것을 골자로 한다. 이것은 부족하나마 중간 착취를 금지한 현행 직업안정법을 기업주의 고용유연화법으로 바꾸는 것이며, 노동시장과 기업을 분리시켜 직접고용에 따른 기업의 책임을 완전히 없애는 결과를 초래한다.

다소 선정적인 비유이긴 하지만 쉽게 설명하고자 예를 들어 보겠다. 유흥업소에 '보도방'이라는 것이 있다. 성접대 여성을 소개하고 소개비를 챙기는 '사람 장사'다. 고용서비스 활성화법은 이런 사람 장사를 합법화하는 것이다. 이런 법을 민주당이 상정 합의해 준 것이다.

이 트윗이 나가자 트위터러들은 민주당에 비난을 퍼부었다. 민주당 의원들은 곧바로 움직이기 시작했다. 23일 밤 파워 트위터러인 천정배 민주당 의원은 "놓칠 뻔한 중요한 지적을 해주었다."라는 트윗을 올렸고, 24일 오전에는 환경노동위원회 소속 정동영 민주당 의

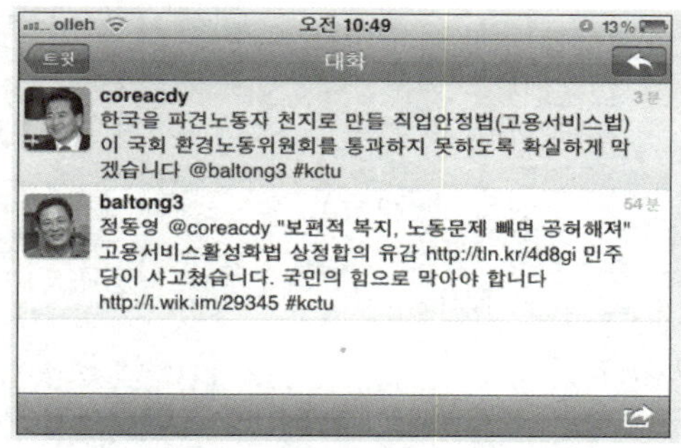

정호희 대변인과 정동영 의원의 대화 내용

원이 자신의 트위터를 통해 "고용서비스법이 환경노동위원회를 통과하지 못하도록 확실하게 막겠다."라고 약속했다.

24일 오후에는 환경노동위원장을 맡고 있는 김성순 민주당 의원이 "상정합의는 잘못된 것."이라는 입장을 표명했다. 25일 아침 민주당 최고위원회에서도 "법안상정 합의 자체가 잘못."이라고 의견을 모았다. 결국 25일 오후 국회환경노동위원회는 여야 간사 간 합의로 '고용서비스 활성화법' 상정을 철회하기로 합의했다.

사실 노동 현안, 특히 법 제도와 관련된 것은 여간 복잡한 것이 아니어서 일반의 관심을 끌기가 쉽지 않다. 그런데 트위터의 힘은 놀라웠다. 단 이틀 만에 악법의 상정을 막은 것이다. 트위터러들은 "트위터 만세.", "뿌듯 돋네. 전국민이 트위터하는 그날까지." 등 승리의 트윗을 날렸다.

무죄판결문을 받고 활짝 웃고 있는 한지수 씨
〈출처: @freejisoo〉

:: 트위터가 한지수 석방시켰다

온두라스에서 억울한 살인 누명을 쓰고 감옥에 갇혔던 한국인 여성 한지수(27) 씨가 2011년 1월 5일 오후 마침내 인천공항에 도착했다.

한 씨는 스킨스쿠버 다이빙 자격증을 따려고 2008년 온두라스에 갔다가 로아탄 섬에서 발생한 네덜란드 여성 살인 사건을 목격한 일로 인해 살인 누명을 쓰고 수감됐다. 이후 트위터와 정부의 적극적인 구명 활동 덕분에 2010년 11월 25일 무죄판결문을 받고 1월 5일 귀국할 수 있었다.

한지수 씨 사건을 가장 먼저 이슈화한 공간은 트위터였다. 트위터러들은 "자국민이 해외에서 억울하게 수감 생활을 하고 있는데, 본국 정부는 무엇을 하느냐."며 외교부와 청와대를 압박했다.

트위터러들의 요구는 청와대를 움직였다. 김철균 청와대 뉴미디어 홍보비서관은 트위터를 통해 "여러분의 청와대 트위터를 통한 릴레이 구명 운동을 비롯한 적극적인 노력은 (온두라스) 순방 이전 대통령에게 보고됐으며, 대통령도 자세한 내용을 알고 있다."라고 전했다.

이명박 대통령은 2010년 6월 29일(현지 시간) 로보 소사 온두라스 대통령과 정상회담에서 한지수 씨 사건에 대한 온두라스 정부의 관심을 직접 당부했다. 이 대통령은 이 회담에서 "우리 국민이 온두라스에서 재판을 받고 있습니다. 각별히 관심 갖고 챙겨주십시오."라고 말했고, 로보 소사 대통령은 "관심을 갖고 지켜보겠습니다. 최대한 협조하겠습니다."라고 답했다.

이 같은 소식이 전해지자 트위터에서는 이례적으로 이명박 대통령을 칭찬하는 트윗이 나올 정도로 열광적 반응을 보였다.

트위터러들의 적극적인 구명운동으로 한지수 씨는 결국 무죄 판결을 받았다. 한지수 씨 석방에 가장 큰 공을 세운 트위터러는 김주하 MBC 기자일 것이다. 김주하 기자는 매주 수요일 "오늘은 한지수요일(한지수+수요일)입니다."라는 트윗을 날리며 트위터러들의 관심을 환기시켰다. 김주하 기자는 한지수 씨가 무죄판결문을 받자 "이제 한지수요일은 끝났네요."라는 트윗을 날렸다.

무상급식을 반대한 강원도의회 교육위원회 소속 도의원들이 무상급식과 무상교육 실태를 둘러보기 위해 터키 등 지중해 지역으로 연수를 떠나려다 트위터의 반대에 부딪혀 외유를 취소했다. 이 과정에서 파워 트위터러인 @biguse(춘천 MBC 박대용 기자)가 맹활약했다.

강원도의회 교육위원회가 2010년 12월 20일부터 1인당 330만 원을 들여 7박 9일 일정으로 그리스와 터키로 연수를 떠날 계획이라는 사실이 15일 트위터를 통해 알려졌다. 그러나 연수 일정 중 아테네 국립도서관과 교육청, 초등학교 방문을 제외한 나머지는 모두 문화유적지 방문 등 관광으로 채워졌다.

@biguse는 "직접 확인해 보십시오. 이게 연수인지 관광인지."라는 멘션과 함께 문제의 일정표를 트위터에 공개했다.

강원도의회 교육위원회 연수 일정표 바로가기: http://bit.ly/p8yJDC

공식 방문 일정은 도착 이튿날과 그다음 날, 마지막 날 한 건씩 세 건뿐이고 문화탐방이라는 명목으로 관광 가는 곳이 일곱 군데에 6일차 일정은 명목도 없이 모두 카파도키아 관광으로 채워져 있었다. 무상급식 실태를 보러 간다는 취지에 전혀 부합하지 않고 있다. 국회의사당 견학이나 한국참전용사 위령탑 참배는 그렇다 쳐도 파르테논 신전, 에렉테이온 신전, 에페소, 셀수스 유적지, 히에라폴리스, 메블라나 사원, 카파도키아 등은 터키의 대표적인 관광지다. 여기에 이스탄불 명소 '견학'이라면서 지하궁전, 원형경기장까지 일정에 들어 있었다. 트위터에서는 "반대의 무한 RT 제안합니다." 등의 트윗이 나오며 무한 RT가 이뤄졌다.

강원도의회 교육위원회는 16일 기자회견을 갖고 해외연수를 취소하기로 했다고 밝혔다. 트위터에 알려진 지 불과 하루 만에 강원도의회가 외유를 취소한 것이다.

최근 이슈는 포털이 아니라 트위터에서 먼저 제기된다. 사건 당사자가 직접 트위터에 사연을 올리기 때문이다. 따라서 어느 공간보다 새로운 소식이 제일 먼저 올라온다. 그리고 리트윗이란 기제로 인해 순식간에 그 소식이 퍼진다.

한마디로 트위터는 해결사다. 앞으로 무슨 문제가 생기면 일단 트위터에 올리시라.

트위터의 반란, 대기업들 골머리

 트위터는 소비자 고발 센터다. 소비자 불만을 트위터에 올리면 순식간에 퍼진다.

아무리 광고 기법이 발달해도 최고의 광고는 가장 원시적인 마우스 투 마우스(mouth-to-mouth), 즉 입소문이다. 입소문이 좋게 나면 그 제품 또는 서비스는 성공하고, 입소문이 나쁘게 나면 실패한다. 트위터는 한마디로 입소문의 공간이다. 자신의 팔로어에게 자신의 경험담을 자연스럽게 전할 수 있다. 팔로어와 팔로이는 서로 신뢰관계로 묶여 있기 때문에 팔로이가 말하는 것은 팔로어에게 대부분 통한다. 입소문이 증폭될 수 있는 구조다.

그런데 트위터를 통한 입소문이 기존의 입소문과 다른 게 있다. 기존의 입소문은 시차를 두고 퍼졌다. 그러나 트위터는 리트윗으로 인해 순식간에 퍼진다. 100여 회의 리트윗만 나도 트위터에서 이슈가 되고, 이슈가 되면 대부분 행동이 나온다. 좋은 입소문이 나면 구매로, 나쁜 입소문이 나면 불매운동으로 이어진다. 불매운동으로 이어질 경우, 기업들은 굴복할 수밖에 없다. 트위터에서 이슈가 돼 대기업이 굴복한 사례는 수도 없이 많다.

:: 대한항공, 아시아나, 이래도 됩니까?

2011년 3월 일본 대지진 직후 트위터에서는 비행기 값이 너무 비싸 귀국을 못한다는 트윗이 잇따라 나왔다. 비행기 삯이 평소에는 20~30만 원(편도)이었는데, 100만 원을 호가한다는 것이다.

한 일본 유학생은 "대통령님 어디에 계십니까? 너무 무섭습니다. 집에 가고 싶습니다."라고 절규했다. 다른 유학생은 "13일 대한항공을 통해 귀국한 승객들은 편도에 9만~10만 엔을 주고 항공권을 구매했다. 평상시 편도 요금은 2만 2000~2만 8000엔이었다. 일본 대지진에 불안을 느껴 귀국하는 내국인들에게 평상시 가격 대비 3배 이상의 바가지 요금을 매기고 있다."고 주장했다. "SKT와 KT는 일본 로밍 요금을 50% 감면해주고 있다는데, 가장 긴요한 대한항공과 아시아나는 무엇을 하고 있는지 모르겠다."라는 트윗도 나왔다.

이에 《위키트리》는 3월 14일 유학생들의 딱한 사정을 종합해 기사화했다. 이 기사를 트위터에 보내자 무한 RT가 났다. 트위터 이용자들은 "기업의 사회적 책임은 액자에만 걸어 놓았나?", "불매운동 해야 하는 것 아닌가?" 등의 멘션을 달아 무한 RT를 했다. 일부 트위터러들은 대한항공과 아시아나에 직접 항의 트윗을 전달했다.

걷잡을 수 없이 사태가 확대되자 대한항공과 아시아나는 50% 가격 인하를 전격 단행했다. 아시아나 항공은 이날 오후 자사 트위터를 통해 "27일까지 나리타/하네다 공항 현장 발권 항공요금(¥94,530)을 50% 할인해 드리고 있습니다. 또한 19일까지 일본 노선 항공권 예약, 여정 변경 및 환불시 수수료를 면제해 드리고 있습니다."라고 밝혔다. 또 "공항 현장 발권의 경우 할인율이 적용되지 않는다."며 그간의 상황에 대한 설명도 덧붙였다. 여행사를 통해 표를 구하거나 사전에 예약하면 할인해서 살 수 있지만 공항에서 바로 구입할 경우, 정가를 매긴다고 설명했다. 즉 바가지는 아니라고 해명했다.

이후 트위터러들은 "아시아나는 인하했는데, 왜 대한항공은 인하하지 않느냐."는 항의성 트윗을 대한항공에 날렸다. 이날 오후 늦게 대한항공도 "내일부터 일본발 항공기 요금을 50% 인하한다."고 발표했다. 아시아나에 비해 늦장 대응한 것을 질타하는 트윗에 대해서도 "더 빨리 경청하고 노력하겠다."라는 트윗을 남겼다.

2010년 8월 13일 오전 벌레 먹은 새우깡 사진이 트위터를 뒤덮

쌀새우깡에서 벌레가 나온 사진
〈출처: @energygirlz〉

었다. 트위터 계정 @energygirlz는 "농심 쌀새우깡에서 벌레가 무더기로 나왔는데 농심은 배째;; 인터넷에 올리든 고발을 하든 맘대로 하라는데… 농심 진심 미친거임? 무한 RT 부탁드려요."라는 멘션과 함께 문제의 사진을 올렸다.

이 사진이 돌자 트위터러들은 "이건 뭐 벌레깡.", "소셜 네트워크의 힘을 보여 주자." 등의 멘션을 달며 무한 리트윗을 했다. "새우깡이 상할 수도 있다. 그러나 농심 측의 이 같은 고객 응대는 용서할 수 없다."는 반응이 주로 나왔다.

'벌레먹은 새우깡'이 트위터에서 이슈가 되자 오후 들어서는 인터넷 포털에서도 이를 다루기 시작했다. 이 사건이 트위터를 넘어 포털에서도 이슈가 되자 농심측은 이날 오후 6시께 이에 대한 해명을 내놓았다.

농심은 일단 상담 직원이 피해 고객과의 상담 과정에서 '인터넷에 올리든 고발을 하든 맘대로 하라'는 식의 대응을 했다는 것은 사실이 아니라고 해명했다. 농심 임직원은 매뉴얼에 따라 고객 상담에 임했으며, 해당 제품에 대한 적법한 피해 보상 절차를 설명했고, 이는 피해 고객과의 통화를 통해 확인을 받았다고 밝혔다.

그러나 농심은 쌀새우깡에서 발견된 벌레는 화랑곡나방의 애벌레(쌀벌레)로 판단되며, 이번 사건을 계기로 제품 위생과 고객 응대 전반 사항을 철저히 검토하고 보다 나은 제품과 서비스를 제공할 수 있도록 노력하겠다고 밝힌 뒤 이번 사건으로 고객님께 불편을 드려 죄송하다고 사과했다.

:: 삼양라면의 진실

트위터러들이 무조건 비판만 하는 것은 아니다. 칭찬도 한다. 이 또한 입소문의 좋은 예다. 트위터러들은 삼양라면에 대해 호평하고 있다. 계기가 있었다. 삼양라면이 유지 파동을 겪은 뒤 몰락하는 과정과 직업 윤리를 담은 게시물이 트위터에 올라왔다. 특히 삼양라면

창업자의 양심적인 기업가 의식이 트위터러의 가슴을 울렸다. 이 게시물은 큰 감동을 주었다. 무려 1,000여 회의 리트윗이 발생했다.

이 게시물을 본 트위터 이용자들은 "전 요즘 들어 삼양라면을 다시 먹기 시작했어요. 요즘은 삼양라면 맛이 좋더라고요.""이런 내면의 이야기가 있었군요. 모든 것은 사람을 사랑하는 것에서 출발해야 한다는 생각이 듭니다.""진실을 너무 늦게 알았네요. 늦었지만 이제부터라도 바잉파워를 보여주겠습니다." 등의 반응을 보였다.

트위터러들은 칭찬에 결코 인색치 않다. 삼양라면 이외에도 제품이 좋으면 널리 알리고 나쁘면 서슴지 않고 불매운동을 제안한다. 최근 트위터에서 관심을 끌기 시작한 이슈가 포털 메인 화면에 뜨는 일이 갈수록 많아지고 있다. 트위터의 힘이 커지고 있기 때문이다.

홍보 담당자들은 트위터에서 시작된 사건을 맞닥뜨리면 일단 당황한다. 한 번도 경험해 보지 못했기 때문이다. 포털만 해도 기사를 내려달라는 로비를 할 수 있지만 트위터에서는 트윗을 모두 내릴 수도 없다. 실제 신라호텔도 트위터 등 SNS 홍보를 하지 않아 한복 사건이 일어났을 때 속수무책이었다고 한다. 이에 SNS 홍보를 하고 있는 삼성그룹이 우회 지원을 했다는 후문이다.

최근 트위터의 힘이 커지면서 각 기업의 홍보팀들은 SNS 홍보를 공부하는 데 혈안이 돼 있다. 특히 소비재 산업의 경우, 입소문이 가장 중요하기 때문에 SNS 홍보를 강화하기 위해 노심초사하고 있다. 지금까지는 넷심만 잡으면 됐다. 앞으로는 넷심은 물론 트윗심까지 잡아야 한다.

트위터 수사대 떴다

트위터의 가장 큰 특성은 속보성이다. 어느 매체보다 뉴스가 빠르게 유통된다. RT 시스템 덕분에 참신한 소식은 순식간에 트위터를 뒤덮는다. 일명 '삐삐'를 가장 먼저 착용한 직업군이 응급실 의사, 기자, 경찰이다. 생명을 다루는 의사는 논외로 치자. 사람의 생명을 다루는 것만큼 촌각을 다투는 일은 없을 테니 말이다. 응급실 의사를 빼고는 기자와 경찰이 속보에 가장 민감할 것이다.

당초 경찰은 트위터를 중시하지 않았다. 그러나 어느 때부터인가 수배 전단을 트위터에 올리기 시작했다. 대부분 트위터러들은 수배 전단을 무조건 리트윗해 준다. 공익성이 있기 때문이다. 따라서 경찰이 수배 전단을 트위터에 뿌리면 순식간에 퍼진다. 요즘 경찰은 지명수배를 할 때 제일 먼저 트위터에 수배 전단을 올린다.

트위터 자체가 경찰이다. 아무리 신출귀몰한 범인도 트위터러의 눈을 벗어날 순 없다. 실제 경찰이 잡기도 전에 트위터에 너무 많이 알려져 스스로 자수하는 경우가 속출하고 있다. 대표적인 것이 대전 맥북에어 도난 사건, 서울 지하철 2호선 성추행 사건 등이다. 트위터에서 용의자의 인상착의가 너무 빠르게 퍼지자 용의자가 지레 겁을 먹고 자수한 것이다.

:: 대전 맥북에어 절도 사건

2010년 11월 14일 오전 트위터에서는 애플의 신형 노트북인 맥북에어를 훔친 절도 용의자를 찾는 캠페인(?)이 벌어졌다.

한 트위터러가 트위터에 CCTV 사진과 함께 다음과 같은 멘션을 올렸다. "13일 대전 애플샵 즐잼스토리에서 맥북에어 11인치를 도난당했습니다. 지문 남기지 않으려고 장갑까지 끼고, 검은 코트 안주머니에 넣어서 훔쳐갔습니다. 용의자를 아시는 분은 042-476-2879으로 연락주세요." 그는 또 "도난당한 맥북에어는 제 것은 아니고 대전 즐잼스토리 매장 전시용."이라고 밝혔다. 이 멘션과 사진이 나오자 트위터러들은 "이번에도 꼭 잡읍시다." 등의 멘션을 달며 무한 RT를 했다.

14일 오후 대전 애플샵 즐잼스토리 관계자는 "절도 용의자가 트위터를 중심으로 자신의 범행 장면이 퍼지자 겁을 먹고 점포로 전

"장갑까지 끼고, 검은 코트 안주머니에 넣어서 훔쳐갔습니다."
대전 애플샵 즐잼스토리의 절도 현장 CCTV 화면
〈출처: @lws30207〉

화를 걸어와 자수 의사를 전해왔다."고 밝혔다. 그는 또 "트위터 이용자 여러분들이 리트윗을 많이 해 주셔서 절도 용의자를 금방 잡았다."며 "트위터가 절도 용의자를 잡은 것과 다름없다."고 덧붙였다.

트위터러들은 "대박! 트위터의 힘이 이 정도일 줄이야.", "트위터 수사대 해냈군요. 착하게 삽시다. ^^", "우와 짱이다. 트위터 짱.", "트위터 힘이 장난 아니네 헐." 등의 트윗을 날렸다.

:: **지하철 성추행범 하루도 안 돼 자수**

2010년 12월 1일 트위터를 달군 동영상이 있었다. 다음 TV팟에

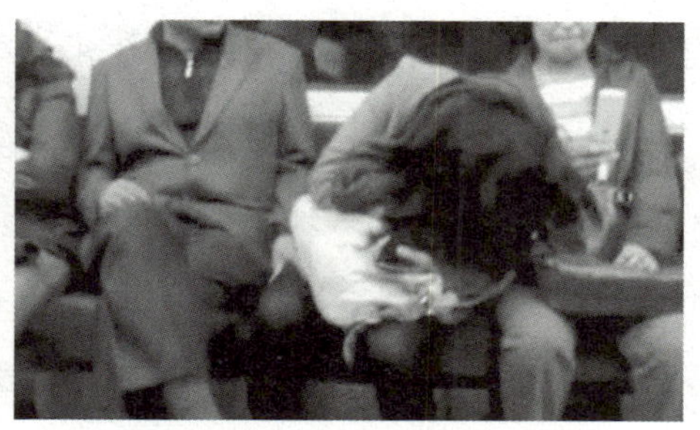

지하철 성추행 장면이 담긴 동영상 화면
〈출처: 다음 TV팟〉

올라온 문제의 동영상엔 성추행 장면이 담겨 있었다. 전달 30일 서울 지하철 2호선 신도림행 마지막 열차 안에서 벌어진 일이었다. 한적한 지하철 내에서 한 남성이 옆에 앉아 깊이 잠든 여성의 다리를 슬쩍 만지더니 치마 속으로 손을 깊이 집어넣는 장면이 포착됐다.

동영상을 올린 이에 따르면 성추행을 한 남성은 주위의 눈치를 살피다 여성의 다리를 만지기 시작했다. 그리고 치마 속 깊숙이 손을 밀어 넣었다. 동영상 제작자는 확실한 물증을 확보하기 위해 동영상을 촬영했고 남자의 행동을 더는 지켜볼 수 없어 "아저씨, 그만 좀 하시죠."라고 말했다. 이에 성추행 남성은 다음 역에서 도망치듯 내렸다. 이 누리꾼은 문제의 남성을 붙잡지 못해 후회스럽다고 밝혔다.

트위터러들은 이 동영상을 트위터에 퍼 날랐다. 트위터러들은 "아, 진짜 남자로 태어난 거 창피해 죽겠네.", "이런 건 피해자가 신고 안 해도 좀 잡아갔으면 좋겠다.", "동영상 널리널리 퍼져서 (이 남자) 신상 털렸으면 좋겠다." 등의 멘션을 달며 무한 RT를 했다.

경찰은 곧바로 수사에 착수했다. 서울경찰청 지하철경찰대는 지하철 CCTV 영상과 교통카드 사용 기록 등을 통해 용의자를 파악했으며, 피해자가 처벌을 원하면 즉각 검거하겠다고 밝혔다. 지하철 경찰대에 출두한 피해자 A씨는 "당시 성추행을 당하고 있는 것을 알고 있었지만 부끄러워서 가만히 있었다."며 "처벌을 원한다."고 진술했다. 경찰 관계자는 "A씨는 개인 정보가 유출될까 많이 걱정하고 있으며 행여나 인터넷 마녀사냥의 희생양이 될까 두려워 경찰에 보호 요청을 했다."고 전했다.

사건이 일파만파로 커지자 성추행 피의자 조모 씨(47세)는 1일 밤 10시께 경찰에 자진 출두했다. 동영상이 트위터에 퍼진 지 하루도 안 된 시점이었다.

:: '트위터 캅' 떴다

트위터 수사대와 더불어 '트위터 캅'도 떴다. 주인공은 광주 남부경찰서 강력3팀 김광진 형사(@cop5680)다. 김광진 형사는 2010년 7월 15일 광주광역시 남구 진월동, 백운동 일대를 돌아다니며 부녀자들을 상대로 성폭행을 일삼은 범인 사진을 트위터에 올렸다.

그 이전에도 공개수배 전단이 트위터에 많이 올라왔다. 그러나 그때까지는 경찰 당국이나 일반 시민이 수배 전단을 올린 것이었는데 반해 이번에는 수사를 담당하고 있는 형사가 공개수배 전단을 개

김광진 형사(@cop5680)가 직접 트위터에 올린 공개수배 전단

인적으로 트위터에 올린 것. 김 형사는 자신의 트위터에 "광주 남부
서 관내 진월동, 백운동, 전북 전주 등 일대에서 길가는 여성을 폭행
하고 강간한 용의자를 공개 수배합니다. 무한 RT 바랍니다!! 꼭 잡고
싶습니다."라고 호소했다.

물론 트위터러들은 무한 RT로 화답했다. 덕분에 트위터러로부

터 중요한 단서를 얻기도 했다. 용의자가 입고 있는 옷이 특정 브랜
드의 옷이라는 것, 광주광역시에서 그 브랜드를 파는 곳은 OOO백
화점 한 곳뿐이라는 사실 등이었다. 김 형사는 "좋은 단서가 될 것
같습니다. 감사합니다."라고 회신했다.

수사를 담당한 형사가 수배 전단을 직접 트위터에 올린 것은 김
형사가 평소에 트위터를 즐겨 했기 때문. 김 형사의 트윗을 살펴보면
'형사의 애환'이 고스란히 담겨 있다.

> "이제 좀 한가해져서 의자에 파묻힌 채 쪽잠... 휴... 모
> 기는 왜 이리 많은 건지 ㅜㅜ정말 여름보단 겨울이 최
> 고!!!!"
> "이제 녹초가 다 되어 퇴근하려고 하니 차열쇠님이 가출
> 하셨어요... 열쇠야.. 이 불쌍한 엉아 집에 좀 가자.. 어디
> 있니?? 오늘따라 일이 안 풀리네. 쩝."
> "오랜만에 쉬는 일요일.. 점심으로 라면을 끓인 후 맛있
> 게 먹으려는 찰나 문득 '라면은 몸에 안 좋으니 밥을 드
> 세요'라는 옛情人의 말이 떠올라 물끄러미 라면을 바라
> 보다 눈물이 주르륵..."

그는 야참 사진도 트위터에 올렸다. 메뉴는 컵라면 하나에 '둘
둘말이 김밥'이 전부. 컵라면에 뜨거운 물을 부은 뒤 반쯤 연 뚜껑을
덜 쪼갠 나무젓가락을 집게처럼 사용해 닫은 노하우가 트위터러들

김광진 형사의 야참 메뉴

의 호기심을 자극했다. 김 형사는 "ㅋㅋ 모진 세월의 풍파 흔적이랍니다^^"라고 대답했다.

이처럼 고단해 보이는 형사 업무가 트위터 이상으로 중독성이 강한 듯했다. 모처럼 휴가를 내서 집에서 쉬고 있던 김 형사. "오늘 휴가 냈다… 근데 뭘 해야 할지 잘 모르겠다… 에잇!!!! 이따 사무실 가서 밀린 일이나 해야겠다… 역시 힘들어도 사무실이 집인 양 편안한 이 느낌… 불쌍한 나…" 그러더니 결국 휴가를 마다하고 출근해서는 날린 트윗.

"이렇듯 일하고 있답니다. 집에 쉴 때는 뭔가 불안했는데 이렇게 사무실 나와서 일하니 편안~~~~ 하네요 ㅋㅋ 역시 쉬는 건 사치인가??"

트위터러들은 "대한민국 경찰 만쉐이."라고 환호했다. 한 트위터러는 "김 형사님 좀 쉬세요. 범인은 트위터가 알아서 잡아줘요. 수배 전단만 바로바로 올려주삼!"이란 트윗을 날렸다.

트위터의 자정 능력

정부여당은 기회가 되면 트위터를 통제하려는 것 같다. 트위터에 유언비어가 난무하기 때문이라는 이유를 든다. 정말 트위터에 유언비어가 난무할까? 정답부터 말하면 '전혀 아니다'이다.

물론 미확인 정보가 넘치는 것은 사실이다. 그러나 트위터를 하는 과정에서 미확인 정보는 걸러진다. 미확인 정보를 자주 날리는 트위터러는 트위터에서 도태된다. 정확한 정보를 유포시켜야 이른바 '파워 트위터러'가 된다.

트위터가 기존의 매체와 가장 크게 다른 점이 자신의 인격을 걸고 한다는 점이다. 자신의 실명이 아닌 별명을 걸고 트위터를 하는 사람도 많다. 그러나 별명을 걸고 할지라도 그 별명은 트위터 상에서 그의 인격이다.

　트위터는 자신의 명예를 생명처럼 여길 수밖에 없는 구조다. 바로 팔로어 때문이다. 트위터를 하는 사람치고 팔로어가 줄기를 바라는 사람은 단 한 명도 없을 것이다. 팔로어를 늘리는 가장 좋은 방법은 빠르고 정확하고 유용한 정보를 많이 올리는 것이다. 잘못된 정보를 자주 올리면 팔로어들이 떠난다. 그러면 영향력이 작아진다. 트위터 구조 자체에 자정 기능이 있는 것이다.

　또 트위터는 완성된 정보의 공간이 아니다. '트친'들과 함께 완성된 정보를 만들어 가는 공간이다. 예컨대,《위키트리》가 어떤 기사를 트위터에 날리면 그 기사가 정확할 경우, 트위터러들은 리트윗을 하며 널리 공유한다. 그러나 틀린 부분이 있을 경우, 바로 답글 멘션을 통해 시정을 요구한다.《위키트리》는 이들의 요구를 수용해 다시 한 번 확인한 뒤 기사를 수정해 또 트위터에 날린다. 이 같은 과정이 여러 번 반복될 때도 있다. 이른바 '집단 지성'이 작동하는 것이다.

　트윗은 고정돼 있는 것이 아니다. 물처럼 흐른다. 여러 잘못된 정보들이 여러 단계의 여과 과정을 거쳐 가치 있는 정보로 거듭난다. 이런 과정을 이해하지 못하고 트위터가 유언비어의 공간이라고 말하는 것은 트위터러를 초등학생 취급하는 것과 다를 것이 없다.

　트위터에서 잘못된 정보가 걸러진 사례는 너무도 많다. 대표적으로 연평 포격 위성사진 해프닝, 연평도 사격 훈련 당시 인천공항 폐쇄설 등이다. 이 같은 루머는 1시간도 못 돼 사실이 아닌 것으로 판명되었다.

연평 포격 사건이 발생했던 2010년 11월 23일 트위터에 '연평 포격 위성사진'이 올라왔다. 그러나 이는 이라크 바그다드 공습 사진이라는 사실이 1시간도 안 돼 밝혀졌다.

고백건대, 필자 역시 확인하지도 않고 '[긴급]연평도 현재 위성사진'이라는 제목으로 문제의 사진을 기사화해 트위터에 날렸다. 트위터러들은 곧바로 반응했다. "그거 연평도 사진 아닙니다. 연평도 저렇게 크지 않습니다.", "이거 트위터에 처음 올리신 @DC++++님께서 진짜 사진 아니라고 정정하셨습니다." 등의 답글이 바로 왔다. 일부에서는 "확인도 안 하고 기사화하느냐."며 "위키트리는 찌라시."라는 항의도 나왔다.

이 같은 지적을 받은 이후 사진을 자세히 보니 연평도라고 하기에는 너무 컸다. 필자는 급히 사과하고 문제의 기사를 삭제했다.

조금 있으니 문제의 사진은 미군이 이라크 바그다드를 공습하는 사진이라는 트윗이 돌기 시작했다. 실제 이 사진은 미군의 바그다드 공습 사진인 것으로 검찰 수사 결과 드러났다.

문제의 사진이 트위터에 상륙한 전말은 이렇다. 북한이 연평도를 포격한 직후인 23일 오후 3시 32분쯤 국내 한 유명 인터넷 사이트에 "서버에 위성사진이 떴다."는 제목과 함께 한 장의 사진이 게재됐다. 이 사진은 지형지물을 배경으로 검은 연기가 치솟는 장면을 담고 있었고, 누리꾼들 사이에서 연평도 포격 사진으로 퍼져 나갔다.

이어 트위터를 통해 삽시간에 대량으로 유포됐다. 급기야 국내 언론 사들이 이 사진을 연평도 포격 위성사진이라며 인용 보도했다. 심지 어 일부 외신도 한국 언론을 재인용, 이를 보도했다.

하지만 이 사진은 미군이 이라크전 때인 지난 2003년 4월 2일 바그다드를 공습할 때 촬영한 위성사진이었다. 검찰 수사 결과, 한국 계 미국인으로 미 육군 이병인 A씨(20)가 문제의 사진을 처음 인터 넷에 올린 것으로 드러났다. 2009년 미군에 입대한 A씨는 미항공우 주국(NASA) 홈페이지에서 해당 사진을 내려받아 국내 사이트에 올린 것으로 파악됐다.

:: 연평 사격 훈련 당시 인천공항 폐쇄 해프닝

2010년 12월 20일 오후 2시 30분부터 우리 군은 연평도에서 대 북 사격 훈련을 실시했다. 사격 훈련 실시 전 수많은 트위터러들이 사격 훈련을 반대했다. 굳이 북한을 도발해 한반도를 위기 상황으로 몰고 갈 필요가 있느냐는 이유에서였다.

트위터러들은 "평화가 전쟁보다 낫다. 평화로울 때는 아들이 아 버지를, 전쟁 때는 아버지가 아들을 묻기 때문이다.", "피할 수 있는 전쟁을 부추기는 자는 악마의 사제다.", "전쟁을 선포하는 것은 늙은 이들이지만 싸우고 죽는 것은 젊은이들이다." 등의 트윗을 널리 돌 리며 트위터 상에서 사격 훈련 반대 사이버 시위를 벌였다.

그러던 중 이날 오전 9시 40분께 인천공항의 비행기 이착륙이 전면 금지됐다는 트윗이 나왔다. 트위터러들은 정부가 전면전에 대비, 공항을 폐쇄시킨 것이라고 해석했다. 긴장감이 최고조에 달하는 순간이었다. 정말 전면전이 일어날 것만 같은 분위기였다.

그러나 이 트윗은 사실이 아님이 10분도 안 돼 판명됐다. 안개 때문에 일부 비행기 이착륙이 금지된 것이 인천공항 전면 폐쇄로 확대된 것이었다. 인천공항공사는 트위터와 홈페이지를 통해 "안개로 인해 일부 항공기의 이착륙이 금지됐을 뿐 전면 폐쇄는 전혀 사실이 아니다."고 밝혔다. 이후 인천공항 폐쇄설은 곧바로 잠들었다.

최근 정부 기관단체는 트위터의 영향력이 급속도로 확대되자 대부분 트위터를 직접 운영하고 있다. 트위터에서 틀린 정보가 유포될 경우, 곧바로 개입해 올바른 정보를 제공하며 루머가 확산되는 것을 막고 있다. 이는 아주 바람직한 현상이다. 올바르지 못한 정보는 초기에 차단해야 효과가 크다. 이미 퍼진 상태에서는 이를 수정하는 데 상당한 시간과 노력이 든다.

정부도 트위터를 통제하려 하지 말고 트위터에 녹아들어 트위터러와 어울려야 한다. 그리고 서로 정보를 공유해야 한다. 이렇지 않고 트위터가 반정부적이라고 해서 통제하려 든다면 트위터러의 반발만 살 뿐이다. 실제 정부가 트위터를 통제할 능력도 없다. 다음 아고라 등은 서버가 한국에 있지만 트위터는 서버가 미국에 있다. 만약 미국에 수사 자료를 요청한다면 한국은 곧바로 '표현의 자유'를 제약하는 중국과 동급이 될 것이다.

정부의 트위터에 대한 통제 시도는 집단 지성에 대한 도전이다.

2010년 11월 17일 아시안게임 남자 수영 자유형 100m 결선에서 필자는 초대형 오보를 터트렸다. 그런데 그 오보가 예언이 돼 버렸다.

필자는 이날 박태환 예선전 재방송을 보고 박태환 선수가 100m 결승에서 우승한 것으로 착각하고 "박태환 100m서도 금메달."이라는 트윗을 날렸다. 그런데 사무실이 너무 조용했다. 후배들이 "그거 아침 예선 재방송이에요." 하자 그때서야 제정신이 들었다. 이후 필자는 "취소합니다. 예선 경기를 잘못 보고 실수했습니다. 정말 죄송합니다."라는 트윗을 바로 날렸다. 하늘이 노랬다. 비난 트윗이 작렬할 것이라고 생각했다. 그런데 트친 분들은 오히려 필자를 격려해 주었다. "너무 열중하신 나머지 실수를 하신 것 같다.", "실수가 아니게 되길 바랍니다.", "오마이갓, 님 타임라인에 폭풍이 몰아치겠군요. ㅋㅋㅋ","메달 받게 될 거예요.^_^화이팅!", "하하 졸린 저녁에 실컷 웃었습니다. 으하하하.", "저 이거 보고 팀장한테 말했는데 ㅠㅠ 지금 중요한 인사고과 기간인데… 책임지삼!", "그러기를 바라는 맘이 넘 컸던 거 아닌감요.", "얼마나 신경 쓰고 계셨으면 이해합니다. ^^" 등의 트윗을 보내 주었다.

잠시 후 박태환 선수의 경기가 시작됐다. 초반 뒤처져 나갔기 때문에 필자는 이제 죽었구나 생각했다. 그런데 막판에 박태환이 역전 우승을 해냈다.

다시 "박태환 100m서도 금메달."이란 트윗을 보냈다. 그러자 트친들이 "이제 예언도 하시는군요.", "예지력이 있으신 듯." "흑ㅋㅋ예언 돋네여.", "예언이 맞아서 참 다행입니다~^^ㅋ", "예언 감사드려요." 등의 반응을 보였다. 필자는 "제 실수가 사실이 돼버렸습니다. 갑자기 예언가가 된 기분. 죄송하기도 하고, 기쁘기도 하고 거참 묘합니다. 아무쪼록 실수 너그럽게 용서해 주십시오."라는 트윗을 다시 날렸다.

트친들은 이에 대해 "이런 실수라면 천만 번도 환영합니다.^^", "자리 까셔도 되겠는데요, 돗자리 한 박스 보내 드리겠습니다.", "덕분에 좋은 결과가 나온 거 맞을 겁니다. ㅎㅎ", "이런 실수는 가뭄에 빗방울입니다.", "문어 파울이 빙의되었나 봐요.", "예언 대박, 예언 감사드려요.", "미래인이시네요. ㅋㅋㅋㅋ", "위키트리의 위대한 예고. 결국 들어맞았음. ㅋㅋ", "예언 많이 해주세요~~", "최초의 기사가 된 거네요. ㅋㅋ" 등등의 트윗을 보냈다.

그리고 또 대형 오보. 2011년 4·27 재보선을 하루 앞둔 26일 이른 아침, 엄기영 강원도지사 한나라당 후보가 TV토론에서 "정경유착이라도 해서 강원도를 살리겠다."고 발언했다는 트윗이 올라왔다.

《위키트리》 기자이기도 한 @salt+++++가 문제의 트윗을 날렸다. 그는 《위키트리》에 기사를 쓴 뒤 이 기사에 링크를 걸어 "엄기영 망언, '정경유착이라도 해서 강원도를 살리겠다' http://i.wik.im/33656 ⓔ나라 전체가 망하는 방법으로 어떻게 강원도를 살리겠다는 것인가?"라고 트윗을 날렸다.

이 트윗에 순식간에 엄청난 리트윗이 일었다. 트위터러들은 "노후를 교도소에서 보내기로 작정했나 보다.", "그냥 프롬프터 읽은 기계 인증.", "당신을 지킨다고 촛불을 든 내 손이 참 안쓰럽다.", "참으로 어처구니없는 일이 아닐 수 없습니다." 등의 멘션을 달며 리트윗을 했다.

필자는 순간 의심스러웠다. 아무리 그래도 정경유착에 대해 이렇게 대놓고 말할 리가 없다고 생각했다. 또 사태가 너무 엄중했다. 만약 사실이라면 엄기영 후보의 당락에도 영향을 줄 심각한 사안이었다. 일단 기사 노출을 금지하고 확인 작업에 들어갔다.

확인 결과, 엄기영 후보는 비슷한 취지의 일부 네티즌들이 한 발언을 인용했을 뿐 본인이 정경유착을 하겠다고 말한 게 아니었다. 엄 후보의 정확한 발언은 "앞서 정경유착이라고 하는 그런 얘기까지 나왔습니다만, 정경유착을 해서라도 기업들을 더 많이 강원도로 데리고 와야 된다, 이렇게 응원을 보내는 그런 네티즌들이 있다는 것을 말씀드립니다. 저는 기업 살리기, 기업 만들기, 기업 강원도로 끌어오기에 최선을 다하겠습니다."였다.

필자가 문제의 트윗과 기사가 잘못됐음을 지적하자 @salt+++++는 바로 받아들이고 사과했다. 그리고 그가 날린 문제의 트윗은 삭제했다. 그런 직후 오보를 리트윗한 모든 분들에게 "제 트윗에 오류가 있었습니다. 지금 재방송을 자세히 보니 엄기영 씨가 '정경유착이라도 해서 강원도를 살리겠다'고 말한 것이 아니라, '정경유착을 해서라도 기업들을 더 많이 강원도로 데리고 와야 된다, 이렇게 응원을 보내는 그런 네티즌들이 있다는 것을 말씀드립니다.' 이렇게 말했습니다. 잘못된 트윗을 올린 것 사과드립니다."라는 트윗을 날렸다. 트위터러들은 대부분 "문제없다."는 반응을 보였다.

사람은 잘못할 수 있다. 그러나 그 잘못을 인정하지 않는 것은 정말 큰 잘못이다. 트위터에서도 마찬가지다. 실수를 해도 솔직히 인정하면 문제 삼기보다는 오히려 '솔직해서 좋다'는 격려를 받기도 한다. 그러나 잘못을 인정하지 않으면 진성호 의원처럼 퇴출된다. '정직이 최선의 방침이다'는 트위터에서도 진리다.

:: 제4장 ::

트위터의 감수성 설명서

기부 역사 새로 쓰는 트위터

트위터는 기부 천사다. 어느 공간보다 기부에 대한 관심이 높다. 큰 사건이 터지면 대부분 기부로 이어진다. '아이티 지진 성금', '아연이에게 희망을', '연평도 주민 돕기', '쌍용차 노조원 사망 트위터 모금 운동' 등 기부가 생활화돼 있다.

사실 기부는 자신이 행복하려고 하는 것이다. 고 이태석 신부가 자신의 재능 마지막 한 톨까지 기부하고서도 "내가 오히려 기쁘고 감사해한다."라고 말씀하신 것처럼 인간이 인간으로서 할 수 있는 가장 숭고한 행위가 기부일 것이다. 기부하고 난 뒤의 뿌듯함은 그 어떤 행복보다 강렬하다.

트위터러들은 기부도 자랑스럽게 알리며 한다. 트위터의 가장 일반적인 기부 형태가 바로 'RT 기부'다. RT 1건당 얼마를, RT 10건당 얼마를 기부하겠다고 공약하는 방식이다. 인터넷 포털에서 주로 보이는 사회 공헌 방식, 즉 '댓글 하나에 얼마를 기부하겠다'의 트위터 버전이다.

2010년 12월 25일과 26일 양일에 걸쳐 트위터를 뜨겁게 달군 트윗이 있었다. 트위터 아이디 @hansangy는 25일 "이 글을 26일 밤 10시까지 한 번 RT할 때마다 500원씩 아름다운재단에 기부하도록 하겠습니다. 많이 퍼지기야 하겠습니까^^"라는 트윗을 날렸다.

이 트윗이 나오자 트위터러들은 "저분. 감당하기 힘드실 듯", "100억을 향하여~", "또 해도 되려나~", "빚쟁이 냄새가 난다", "RT 너무 많이 퍼진 것 같네요. 어떻게 감당하실까?" 등의 멘션을 달며 무한 RT를 했다. 실제 이 멘션은 3,000번 이상의 RT가 나며 @hansangy를 파산 일보 직전(?)까지 밀어넣었다.

26일 새벽 3시께 @hansangy는 "약 3,000번의 RT가 있었고 26일 밤 10시까지 RT가 계속된다면 제가 감당할 수 없을 것 같아 약속을 지키기 위해 300만 원을 아름다운재단 홈페이지에서 카드로 결재했습니다. 증빙 자료는 캡처로 올렸습니다. 기부 RT는 중단해 주시기 바랍니다."라고 요청했다. 그래도 RT가 계속되자 그는 다시 한 번 RT를 중단해 줄 것을 호소했다.

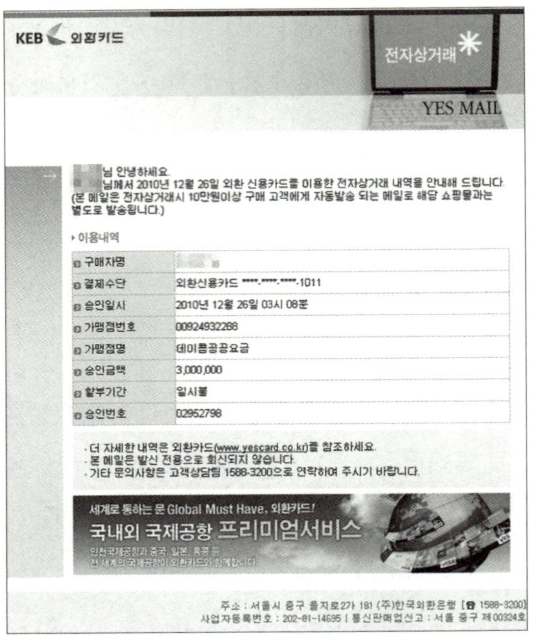

@hansangy가 올린 기부 증빙 자료
〈출처: @hansangy〉

트위터러들은 "내 이럴 줄 알았지 ㅋㅋㅋ 그렇지만 최고!", "이 분 멋지다.", "님 아름답습니다.", "훈훈♥♥" 등의 찬사를 보냈다. 한 트위터러는 "RT가 너무 많이 나와 당황했을 님을 생각하면 웃기기도 하지만 기부를 몸소 실천한 님에게 무한 지지를 보냅니다. 그리고 RT가 이웃돕기 수단으로 정착해 가고 있는 트위터에 경의를 표합니다."라는 글을 남겼다.

이후 RT 기부가 속출했다. 27일 트위터 아이디 @fxman82는 자신의 트윗이 RT될 때마다 100원을 기부하겠다고 밝혔다. @dal_bong

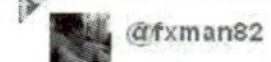

@fxman82의 트위터 화면

이란 트위터러도 RT될 때마다 100원을 곱해《동아일보》일민미술관 앞 구세군 자선냄비에 성금을 내고 오겠다고 약속했다. 단, 최소 1만 원 최대 5만 원이라는 단서를 달았다.

:: "그냥 기부해! 무슨 RT되면 기부"

과유불급이라고 했던가. RT 기부가 속출하자 이에 대한 반발도 나오기 시작했다. 한 트위터러가 27일 "그냥 기부해, 무슨 RT되면 기부."라는 트윗을 날렸다. 이 트윗에 대한 호응도 제법 나왔다. "제 말이요.", "입과 손이 꼼지락꼼지락 거리는 현상인 거죠.", "자기 돈 쓰는데 관심 좀 달라는 거겠죠." 등의 멘션이 나왔다. 그러나 이 같은 멘션에 대한 반박 트윗이 압도적으로 많았다.

"RT 기부는 그냥 기부와는 달리 다른 사람들도 기부에 관심을 갖게 하고 간접적으로 참여하게 한다는 점에서 훌륭하다고 생각!",

"내가 한 일을 남에게 알려라. 선행이 퍼질 것이다.", "자기 선포와 타인 자극의 효과.", "누구든 잘한다잘한다 해줘야 더 잘하는 거 아닌가? RT하는 게 돈 드는 것도 아니고…", "트위터러가 함께 참여한 캠페인이라는 것에 의의가 있는 거지! 꼭 이럴 때 말 많은 사람들 있더라.", "그럼 그런 말하는 사람은 기부하고 있나? 기부해도 뭐라 하는 이상한 세상,", "왜 남의 돈 쓰는 것에 대해 감 내 놓아라 배 내 놓아라 하는지, 기부를 어떻게 하든 말든 안 하는 거보다 좋잖아!" 등의 멘션이 속출했다. 일부 비판적인 멘션은 곧바로 묻히고 말았다.

가수 김장훈이 2010년 연말을 맞아 또 10억 원을 기부하고 자신의 미니홈피(http://www.cyworld.com/gyhoon77)에 '제가 공개 기부를 한 이유'라는 제목의 글을 올렸다.

김장훈은 "겸손을 가장한 교만이 아니라 정말 진심이고 진실이다."라며 "이번에 공개적으로 기부를 알렸다. 바보가 아닌 다음에야 저도 알 수 있는 게 '너무 티를 낸다. 왼손이 하는 일을 오른손이 모르게 해야지.', '인격적으로 떨어진다.' 등 늘 그렇듯 일각의 충고도 생각한다."라고 밝혔다. 그는 "하지만 사람들 생각 속에 제 인격의 높고 낮음은 그리 중요하지 않다고 생각한다."라며 "어쩌면 제 자신에게 먼저 캠페인을 하고 싶었다."라고 덧붙였다.

김장훈은 이어 이렇게 밝혔다. "제가 기부를 한다고 할 때 이미 하던 분들이 안 할 확률은 없고, 안 하던 누군가가 물들어서 할 수 있는 확률만이 존재한다고 본다. 그게 단 한 명이라 하더라도 연예인들의 경우 무조건 알리는 것이 좋다고 생각하는데, 아마도 사람들의 손가락질이 두려워 알리지 않는 경우도 많은 듯하다."

김장훈의 생각은 트위터러의 의중을 정확히 반영하고 있다. 트위터러들은 김장훈의 이 같은 생각에 무한 RT로 공감을 표시했다.

트위터러들은 '오른손이 한 일을 왼손이 모르게 하라.'처럼 자신의 선행을 숨길 정도로 고상하지는 않다. 자신의 기부를 당당히 밝히고 재미있게 기부한다. 새로운 기부 풍속도다. 트위터가 대한민국의 새로운 기부 문화를 써 나가고 있다.

트위터 남녀상열지사

트위터 역시 사람 사는 공간이다. 따라서 남녀상열지사가 없을 수 없다. "이 트윗이 RT가 100번 되면 그녀에게 고백하겠습니다.", "저 여자 친구 생겼어요." 등의 트윗이 심심치 않게 타임라인에 등장한다. 트위터러들은 사랑 고백이 있을 때 이를 열심히 리트윗해 준다. 옛말에 싸움은 말리고 흥정은 붙이라고 했다. 트위터러들은 싸움은 말리고 사랑은 붙여야 한다고 생각하는 것 같다. 트위터러들은 흔쾌히 견우와 직녀를 잇는 오작교를 자임한다.

트위터에서 자유롭게 사랑을 고백하고, 그 사랑이 결실을 맺기도 한다. 실제 트위터에서 만나 결혼에 골인하고, 인증샷을 올린 커플도 있다.

트위터에 여러 견우와 직녀 이야기가 있지만 누가 뭐래도 가장 화제를 모은 건 "너 때문에 잠도 못 자."라고 당당하게 고백한 일명 '버스녀'였다.

2010년 10월 28일 트위터에서 "버스남을 찾아요."라는 제목의 사진이 급속도로 전파됐다. 버스남은 순식간에 포털사이트 네이버의 검색어 1위에 오르기도 했다.

사연은 이렇다. 한 여성이 버스에서 만난 남성을 찾고 싶다며 공개 구애 편지를 버스정류장에 붙여둔 것을 누군가 사진을 찍어 트위터에 올린 것. 이를 본 트위터 이용자들이 폭발적으로 리트윗을 하면서 이날 트위터 최고 이슈가 됐다.

이 편지를 쓴 여성은 "2010년 10월 16일 토요일 서울역에서 2000번 버스 맨 뒷자리 바로 앞 창가 자리에 앉아 있던 파란색 후드티 남자 분! 요즘 너 땜에 잠이 안 와!"라며 당당하게 사랑을 고백했다. 이어 "전화번호를 적을 수는 없으니까 메일주소를 적을게요. 메일 보낼 땐 그날 파란 후드티에 입었던 바지(색깔이나 재질) 꼭 적어서 보내주세요."라고 메일 주소를 공개했다. 메일 주소는 '버스남'을 만난 날짜를 따 '20101016'을 넣었다.

한 여성의 공개 구애에 많은 트위터러들은 "트위터의 위력을 발휘할 때.", "여자분 정말 귀엽다.", "무한 RT해서 두 사람을 꼭 이어

버스남을 찾아요!

2010.10.16 토요일
서울역에서 2000번 버스
맨뒷자리 바로 앞에 창가자리에
앉아있던 파랑색후드티
남자분! 창문도 열어주고 어깨도ㅋㅋ
어깨도 빌려줄 남자분! 요즘 너땜에
잠이안와!\! 번호를 적을순 없으니깐
메일주소 적을게요. 메일보낼 땐 그 날
파랑후드에 입었던 바지 (색깔이나 재질)
꼭 적어서 보내주세요~!
메일주소: k20101016@nate.com

〈출처: 트위터 @rakooon〉

주자." 등의 멘션을 달아 무한 RT를 했다. 이 트윗은 폭풍 RT가 발생하며 이날 최다 리트윗 기록을 세웠다.

31일 버스남이 등장했다. 버스남이라고 주장한 신모 씨는 자신의 미니홈피에 "제가 그 버스남입니다. 이미 오랜 시간을 함께 보낸 여자친구가 있습니다."라며 정중히 구애를 거절했다. 그는 "아무쪼록 여성분도 제 글 읽으시면 저를 이해해 줄 것이라 생각합니다. 2000번 타고 갈 때마다 저도 모르게 16일이 떠오르며 피식 웃음이 번집니다. 저는 이런 소소한 웃음만으로 만족하겠습니다. 여자 분도 행복하고 좋은 인연 만날 수 있을 거라 믿습니다."라고 덧붙였다.

이에 트위터러들은 "그러면 그렇지!", "훈남들은 모두 임자가 있다는 절망적인 사실. ㅜㅜㅜ” 등 실망의 트윗을 쏟아냈다.

그러나 얼마 되지 않아 버스남이 가짜인 것으로 밝혀졌다. 신모 씨는 누리꾼들의 관심이 높아지자 1일 자신의 미니홈피에 ‘아닌데’라며 친구와의 메신저 대화 내용을 공개했다. 그는 지인에게 “지금 대규모 낚시하고 있는데 떡밥 좀 강화해 줘.”라며 “2,000여 명의 네이트톡 네티즌과 뉴스 부문 1위가 목적.”이라는 말을 했다.

포털 사이트 검색어 1위를 차지하며 인터넷과 트위터를 뜨겁게 달군 버스남이 가짜로 밝혀지자 트위터러들은 “사람 가지고 장난치나?”, “여자의 순정을 이렇게 짓밟다니…”, “정말 불쾌하다.”는 반응을 보였다.

한편 버스녀는 방송에 출연, 버스남을 찾기로 했다. 버스녀는 11월 5일 SBS ‘당신이 궁금한 이야기’에 출연해 버스남 사연을 털어놓고 제작진과 함께 찾아 나섰지만 결국 못 찾은 것으로 알려졌다.

버스남과 버스녀는 만나지 못했지만 이 사건 이후 트위터에선 여성들의 고백 열풍이 불었다. 트위터 아이디 @ClaraSunshine는 버스남을 찾는 여성을 보고 용기를 내어 사랑을 고백한다며 다음과 같은 글을 올렸다.

4월 어느 날 저녁 6시, 서울 남부터미널에서 천안으로 가는 시외 버스에서 자신의 앞자리에 앉아 있다가 내릴 때 트렁크를 들어준 남자를 찾는다는 내용이었다.

이 글에도 호응이 대단했다. "최근 용기 있는 처자들에 완전 감동했습니다. 또 찾고 싶은 남자가 있으신 분 손 드세요. 이번 주말에 모두 찾도록 합시다." 등의 리트윗이 일며 급속히 퍼졌다. 이후에도 여러 여성이 트위터에 사랑을 고백했다. 트위터가 사랑의 메신저가 된 것 같았다.

여러 핑크빛 사연이 있었지만 가장 인상적인 스토리는 다음이다. 여느 사랑 이야기가 아니다.

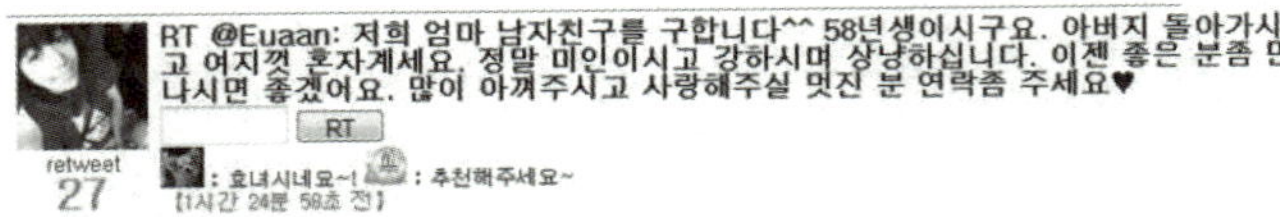

"저희 엄마 남자친구를 구합니다^^ 58년생이시구요. 아버지 돌아가시고 여태껏 혼자 계세요. 정말 미인이시고 강하시며 상냥하십니다. 이젠 좋은 분 좀 만나시면 좋겠어요. 많이 아껴주시고 사랑해주실 멋진 분 연락 좀 주세요♥"

2010년 8월 7일 트위터 아이디 @Euaan이 올린 트윗이다. 이 같은 트윗이 나가자 "정말 사려 깊은 딸이다.", "효녀다." 등의 칭찬이 나오며 수많은 리트윗이 일었다.

@Euaan은 수많은 리플에 일일이 답변을 하며 어머니를 더욱 상세하게 소개했다. "ㅎㅎ 워낙 수줍으신 분이라… 간간히 친구 분들

만나시는 거 외엔… 나서서 연애할 분이 못되세요ㅠ", "저는 부천에 따로 나와 있구요. 집은 인천이예요^^ 제가 일하면서 어머니와 계속 붙어 있질 못하니까 더 걱정이 되네요." "꼭 재혼 안하셔도 되는데^^ 경제적인 부분보단 정서적인 부분이 엄마께 많이 필요하거든요." 등의 리플을 했다.

@Euaan은 또 "효녀가 아닌데 많이들 칭찬해주셔서 이젠 정말 효녀가 돼야겠단 생각이 드네요. ^^ 정말 감사합니다!"라며 "엄마 남친 찾기가 쉽지 않네요. ㅋㅋㅋ 역시 팔로어 수가 너무 적어서였을까 ㅠㅠ"라는 트윗을 남기기도 했다.

트위터 이용자들은 "가장 아름다운 효도.", "젊은 사람의 마음 씀이 참 기특하다." 등의 격려 트윗을 날리며 '트위터 효녀'라는 애칭을 붙여주었다.

'트위터는 사랑을 싣고'는 오늘도 진행 중이다.

내가 본 가장 슬픈 사진

:: 트위터는 환경 지킴이

트위터러들은 환경에 무척 관심이 많다. 환경론자들은 인간에 대한 사랑에서 동물에 대한 사랑으로, 더 나아가 무생물을 포함한 지구에 대한 사랑으로 사랑의 외연을 넓히고 있는 사람들이다.

북극의 얼음이 녹아내리는 사진을 본 트위터 이용자들은 "지구가 아프니 저도 아픕니다.", "지켜드리고 싶네요…", "꼭 엄마의 얼굴이 녹아내리는 듯… ㅠㅠ" 등의 멘션을 달며 엄청난 리트윗을 했다.

트위터에서 '환경' 하면 가장 먼저 떠오르는 트위터러가 배우 박진희 씨다. 박진희 씨는 2011년 2월 28일 트위터에 자신의 전기차를 공개했다. 그는 "나는 전차도녀! 전기차를 타는 도시 여자! 체인

〈출처: 트위터 @heosmurf〉

지^^ 제 전기차요! 이쁘죠? 220v로 집에서 4~5시간 충전하면 최대 120km까지 주행 가능! 이 기특한 녀석이 우리나라 기술로 만들어졌대요! 어때요?"라는 멘션과 함께 전기차 인증샷을 공개했다.

트위터러들은 "박진희는 진정한 개념녀.", "차도 예쁘고 사람도 예쁘다." 등의 반응을 보였다.

배우 박진희 씨가 자신의 미니홈피와 트위터 등에 올린 전기차 모습(좌)
PUSH ECO BUTTON이라고 적힌 티셔츠 착용 모습(우)
〈출처: 박진희 트위터 @eco_jini〉

박진희 씨는 트위터러들의 열광적인 반응에 "(사진에 나온 차는) AD모터스에서 나온 전기차. 가격은 이천만 원 정도이고 곧 정부 보조금 지원 예정. 매일 충전 시 한 달 전기료는 이만 원임돠~! 탄소발생 0%에 가깝죠^^"라는 트윗을 다시 날렸다.

박진희 씨는 6·2 지방선거 당시 트위터에 투표 인증샷을 올리면서 환경 보호 티셔츠를 입어 화제가 된 적이 있었다. 당시 그녀의 티셔츠에는 'PUSH ECO BUTTON'이란 문구가 새겨져 있었다. 박진희 씨의 트윗 계정도 @eco_jini로, 환경에 대한 관심이 남다름을 알 수 있다.

:: 강남역 구정물 자판기 대박

2010년 10월 대우증권은 5,000만 원을 투입, 강남역 6번 출구에

대우증권이 강남역에 설치한 구정물 자판기

구정물 자판기를 설치했다. 대우증권은 "구정물을 1,000원에 사면 대우증권이 9,000원을 보태 아프리카에 맑은 물 공급에 사용할 것."이라고 밝혔다. "만 원이면 아프리카 어린이 한 명이 1년 동안 먹을 수 있는 깨끗한 물을 공급할 수 있다."고 덧붙였다.

어느 트위터러가 현장 사진을 찍어 트위터에 올렸다. 트위터러들은 "멋지다.", "감동적인 아이디어다.", "사고 싶다.", "대우는 망해도 대우증권은 살아 있다." 등의 멘션을 남겼다.

이 자판기는 설치되자마자 강남역의 명물이 됐다. 트위터를 통해 소문이 빠르게 퍼지면서 포털 검색어 1위에 올랐고 방송, 신문, 라디오 등 각종 언론도 이색 자판기를 경쟁적으로 소개했다.

구정물은 한 달도 안 돼 목표치인 5,000병이 팔렸다. 대우증권은 약속대로 1병당 9,000원을 보태 모두 5,000만 원을 유니세프에 기부했다.

트위터러들의 환경 사랑은 '4대강 반대'로 이어지고 있다. 4대강 사업이 자연을 파괴하고 있다고 믿기 때문이다. 따라서 트위터에서는 4대강 사업에 대한 지탄 트윗이 난무한다. "4대강 살리기가 아니라 死대강 殺리기다.", "4대강 사업은 엄마의 젖꼭지에 콘크리트를 바른 격이다." 등의 신랄한 트윗이 작렬한다.

트위터에서 4대강 반대의 상징은 김진애 민주당 의원(@jk_space)이다. 김진애 의원은 4대강 이슈를 선도적으로 이끌며 트윗심을 사로잡고 있다. 김 의원은 2011년 1월 25일 4대강 사업 비리 제보를 받는 웹사이트 '4대강리크스(http://4riverleaks.com)'를 개설했다. 그는 "국민 대다수의 반대에도 불구하고 이명박 정부가 일방적으로 강행하고 있는 4대강 사업의 불법, 탈법, 비리를 고발하고 4대강 파괴의 진실을 기록하기 위해 사이트를 개설했다."고 밝혔다. 그는 지난 2008년 4대강 사업이 운하 계획임을 양심 선언했다가 보복을 당한 김이태 박사와 같은 사례를 막기 위해 해외에 서버를 구축했다.

정부가 김연아 선수를 4대강 홍보 대사로 발탁하려 하자 트위터러들이 격분하기도 했다. 권영길 민노당 의원(@KwonYoungGhil)은 2010년 4월 15일 "김연아(선수)를 살립시다. 한나라당은 4대강 반

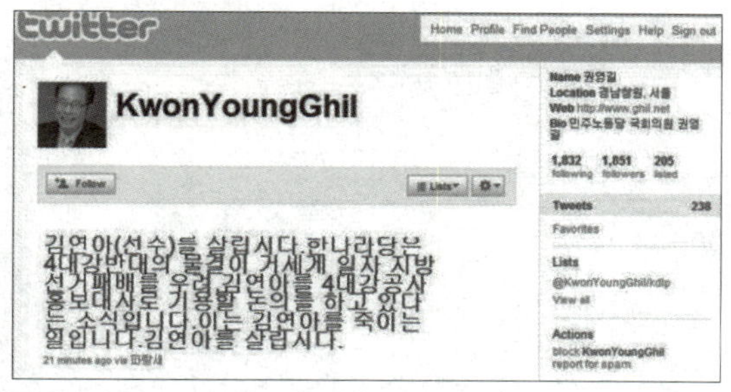

권영길 의원의 트위터 화면

대의 물결이 거세게 일자 지방선거 패배를 우려, 김연아를 4대강 공사 홍보 대사로 기용할 논의를 하고 있다는 소식입니다. 이는 김연아를 죽이는 일입니다."라는 트윗을 날렸다.

이 같은 트윗이 전해지자 트위터러들은 "4대강 얼려서 스케이트 태울라고?", "애들은 나라가 오래 보존할 보물만 보면 삽질을 하려하네…ㅉㅉㅉ", "연아를 뭘로 보고, 연아의 배짱이면 거절한다." 등의 멘션을 달며 무한 RT를 했다. 결국 김연아의 4대강 홍보 대사 발탁은 유야무야됐다.

:: 담양 대나무 숲 훼손 현장 고발

트위터러들이 4대강으로 인한 훼손 현장을 직접 고발하기도 했다. 이중 트위터에서 가장 큰 반향을 일으켰던 것이 담양 대나무 숲

담양 대나무숲이 벌목된 현장 사진
〈출처: 담양신문〉

훼손 사건이다. 《위키트리》 기자이기도 한 @tomvogue는 담양 대나무 숲이 처참하게 잘려나간 현장을 고발했다.

@tomvogue는 영산강 살리기 운동본부 등 환경 단체를 인용, 담양 습지 대나무 숲 3만여 평 가운데 8천여 평에서 1만 그루가 넘는 대나무가 무차별적으로 잘려나갔다고 폭로했다. 특히 람사르 협약에 가입된 담양 습지에 있는 대나무를 벌목하는 과정에서 환경 영향 평가와 환경 전문가들의 입회도 없었다고 고발했다.

이와 함께 한쪽에서는 담양천 전 구간에 걸쳐 자전거 도로를 개설한다며 하천 둑을 콘크리트로 포장하는 공사가 진행 중이라고 폭로했다.

@tomvogue의 기사는 무려 1,000여 회의 리트윗과 2만 5,000클

릭을 기록했다. 트위터러들은 이 기사를 보고 "잘려나간 대나무 사진을 보니 너무 가슴이 아픕니다.", "눈물이 난다.", "제발 좀 그냥 놓아둬라." 등의 울분을 쏟아냈다.

이명박 대통령은 2011년 4월 16일 경북 상주의 자전거 축전 개막식에 참석해 "4대강이 제 모습을 갖추면 모두가 수긍할 것."이라며 "이제 진정한 지역 발전이 시작될 것."이라고 강조했다. 한 트위터러는 이에 대해 "처녀를 강간해 놓고 결국은 나를 좋아하게 될 것이라고 말하는 것과 다를 게 없다."는 트윗을 날렸다.

지하철 고장 났을 때 최고의 대처법

 트위터는 생활 정보의 메카다. 트위터에 올라온 생활 정보는 실생활에 큰 보탬이 되기 때문에 많은 리트윗이 발생한다.

예컨대 지하철에 이상이 생기면 곧바로 트윗이 나온다. 몇 호선 무슨 역에서 사고가 발생했으니 우회하시라는 트윗이 올라온다. 트위터러들은 이 같은 정보를 널리 공유하며 문제의 교통수단을 피한다. 또 화재에 관한 정보도 즉시 올라온다. 화재는 사진을 동반하는 경우가 대부분이다. 어디에서 불이 났으니 출퇴근길 참고하시라는 권고다. 특히 출퇴근 시간대의 이 같은 트윗은 순식간에 리트윗이 발생하기 때문에 실제 교통 분산 효과가 상당할 것으로 추정된다.

이렇듯 트위터는 생활 정보의 장이다. 그중에서 지하철에 관한 정보가 가장 많다. 대부분 직장인들이 하루 1~2시간은 지하철에서 보내야 하기 때문일 것이다. 따라서 지하철 정보는 물론 지하철 개그도 많이 등장한다.

:: **지하철 고장 났을 때 최고의 대처법은?**

2011년 1월 18일 지하철 2호선 단전사고로 아침 출근길 대란이 발생했다. 신도림역에는 장시간 지하철이 들어오지 않아 혼잡이 극에 달했다. 직장인들은 지각을 하지 않기 위해 안절부절 못했다. 대중교통 문제로 지각을 하는데도 왜 이 땅의 직장인들은 허겁지겁 서둘러야 하고, 고생은 자기가 하면서도 회사에 미안해해야 할까? 의문이 드는 순간이었다.

바로 이때 인증샷과 함께 다음과 같은 트윗이 올라왔다.

"지각하실 분, 환불 받으신 분은 역무실에서 '지연증명서'를, 열차 못 타서 지각하실 분은 게이트 들어가지 마시고 '불승증명서'를 끊으세요!!!!"

@winnt5는 이어 "지하철 고장 또는 연착으로 인해 지각을 할 경우, '지연증명서'나 '불승증명서'를 끊어 회사에 제출하면 법적 효력이 있습니다."고 덧붙였다.

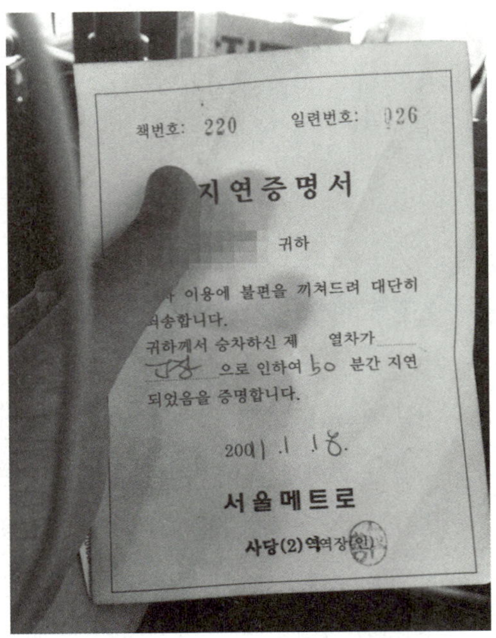

'법적 효력이 있다'는 지연증명서
〈출처 @winnt5〉

트위터러들은 "와!!! 최고!!" "꼭 필요한 거!!" "오 이런 방법이." "정말 좋은 정보!! 강추!" 등의 멘션을 달며 무한 RT를 했다. 트위터러들은 "앞으로 지하철 고장으로 인해 지각해도 주눅 들지 말고 증명서를 제출합시다, 당당하게 출근합시다."라고 입을 모았다.

지하철은 또 유머와 고발의 소재가 된다. 트위터러들은 각종 유머나 고발을 트윗픽에 올린다. 대부분 직장인들이 지하철을 이용하기 때문에 큰 공감을 자아내며 많은 리트윗이 이뤄진다.

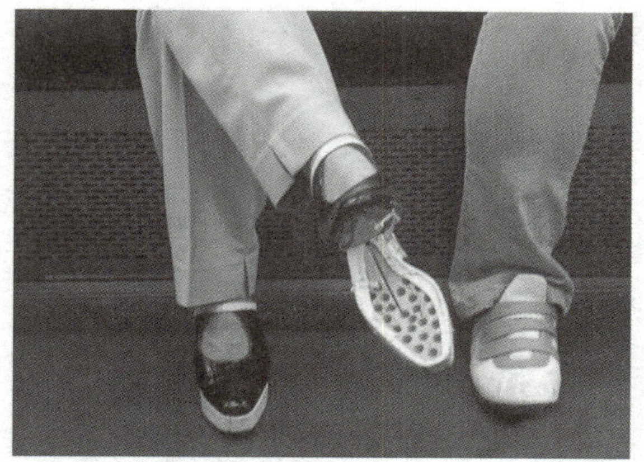

지하철 쩍벌녀
〈출처: @hbcy79〉

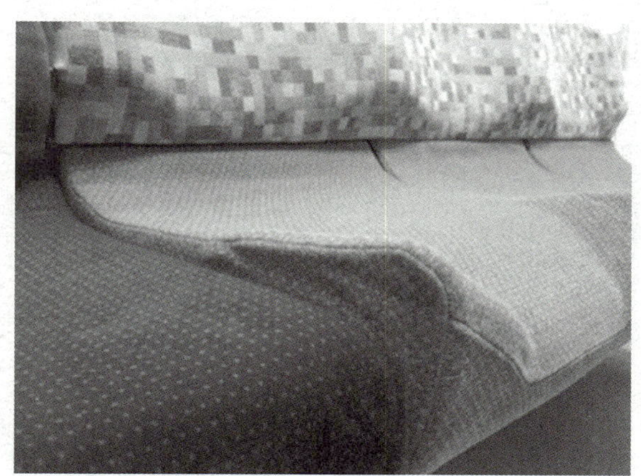

지하철 쩍벌남을 무력화하는 의자
〈출처: 일본 J-레일 홈피 캡처〉

부산 서면 지하철 계단에 붙은 표어
〈출처: @mediamongu〉

@bobae_dream는 네이버 블로거 '잭슨빌'의 유형 시리즈를 트위터에 올렸다. 지하철에서 잠자는 레벨에 따라 초보/하수부터 입신/창조주에 이르기까지 10단계로 분류되어 있다.

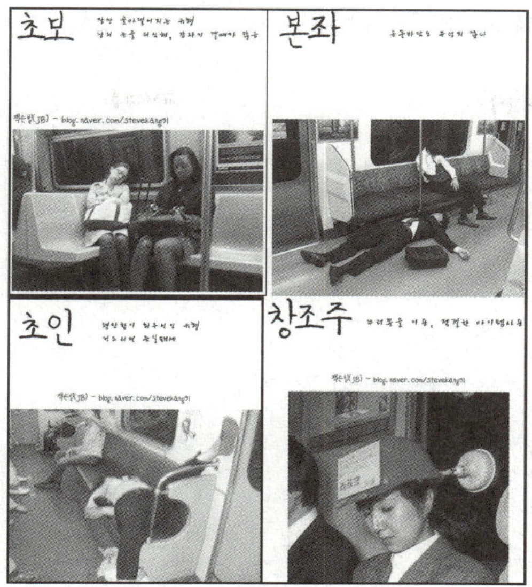

지하철에서 잠자는 레벨 바로가기: http://bit.ly/oIfWKy

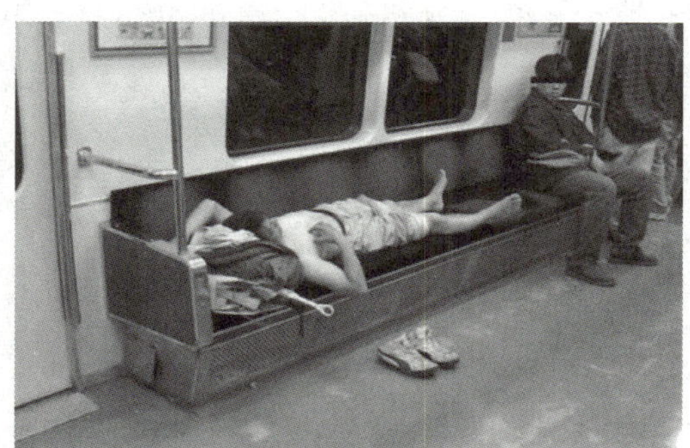

지하철 최강의 민폐
〈출처: @ganiiiiii〉

1. 쩍벌남, 쩍벌녀.

2. 청춘남녀의 과도한 스킨십.

3. 만취한 채 코골고 침 흘리며 자는 아저씨.

4. 신문 쫙 펴놓고 보는 아저씨.

5. 졸면서 자꾸 내 어깨에 기대는 사람.

6. 말썽 부리는 아이를 방치하는 엄마들.

7. 승객으로 가득한 공간을 통과해서 다음 칸으로 계속 이동하
   는 사람.

8. 친구와 큰소리로 떠드는 젊은이들(꼬마들은 봐줌).

9. 이어폰 소리를 크게 틀어 자기가 무슨 음악을 듣고 있는지 알
   려주는 사람.

10. 한 자리를 가지고 불꽃 튀는 아줌마들의 신경전.

11. 팔짱 끼고 조는 척하면서 옆에 앉은 여자 가슴 더듬는 인간.

12. 남자친구 무릎에 앉아 가는 여자와 그 무릎을 대주는 남자.

13. 가만히 앉아 자다가 갑자기 눈 뜨더니 토악질. 그걸 또 안 치
    우고 내리는 사람.

14. 직장인과 같이 출근하시는 노숙하시는 분(저 코 예민합니
    다. 아침 시간에는 쪼매만 참아주시고 출근시간 지나면 출근
    해주세요).

15. 배낭 큰 것 등에 지고 그냥 밀치고 타시는 분.

16. 입 냄새 펄펄 풍기면서 입 벌리고 숨 쉬는 사람.

17. 핸드폰에 대고 온갖 사생활 큰 소리로 중계하는 사람.

18. 술 냄새에 고기 탄 냄새까지 몽땅 뒤집어쓰고 타는 사람.

19. 내리고 있는 사람들 밀치고 들어오는 사람.

20. 내리는 사람이 밀리는데도 문가 기둥에 기대 버티는 사람.

21. DMB를 이어폰 없이 보는 사람.

22. 저에게 자리 양보하는 사람(내가 나이가 그렇게 많이 들어
보여?).

출처 바로가기: http://i.wik.im/8372

지하철 외에도 각종 교통 및 과태료 정보도 많은 리트윗이 발생한다. 2011년 4월 1일부터 자동차 전용도로에서 뒷좌석도 안전띠를 안 매면 과태료 3만 원이 부과된다는 기사도 무려 1,031회의 리트윗이 발생했다.

:: 트위터는 분실물 센터?

분실물을 찾는다는 트윗도 자주 올라온다. 트위터러들은 이 같은 트윗을 무한 RT 해준다. 공익에 부합하기 때문이다. 노트북을 잃었다는 내용, 애견을 잃었다는 내용, 오매불망 기다리던 아이폰을 장만한 지 한 달 만에 잃어버렸다는 내용 등 다양한 사연이 올라온다.

사별한 남편이 선물한 지갑을 찾는다는 사연의 벽보
〈출처: @snip7968〉

그 중 가장 인상 깊었던 것은 '사별한 남편이 선물한 지갑 꼭 찾고 싶습니다.'였다.

이 사진은 @snip7968이 수원역에 걸린 벽보를 사진으로 찍어 트위터에 올린 것이다. 지갑을 잃은 분의 딱한 사연 때문에 수많은 리트윗이 일었다. 지갑을 잃은 여성은 지갑은 사별한 남편이 선물한 것이며, 그 안에 아기 사진과 아기 사진이 들어 있는 USB가 있어 꼭 찾고 싶다고 간절하게 호소했다. 특히 아이는 남편과 사별 이후 시댁에서 데리고 가 볼 수 없다고 밝혔다. 트위터러들은 "정말 안타깝다.", "트위터의 힘을 발휘할 때." 등의 멘션을 달며 무한 RT를 했다. 이분은 지갑을 찾으셨는지……

짝퉁이 진짜를 능가하는 곳

짝퉁이 진짜를 뛰어 넘는 곳이 트위터다. 짝퉁이 진짜보다 더욱 재미있고, 팔로어를 더 많이 확보하고 있는 경우도 있다. 트위터는 본인 확인을 하지 않기 때문에 각종 패러디 계정이 난무한다.

세계에서 가장 많은 짝퉁 트위터는 아마도 스티브 잡스 트위터일 것이다. 너무도 많은 짝퉁 트위터가 등장하자 잡스가 "나는 트위터를 하지 않는다."고 밝혔을 정도다.

지난해 12월 23일 '@pdca1049'라는 스티브 잡스 짝퉁 계정이 "나는 불자이니 나한테 메리 크리스마스라고 하지 말아 달라(Please don't wish me "Merry Christmas". I'm Buddist.)"는 트윗을 날렸다. 이를 본 트위터러들은 "잡스 형님도 불자셨군요.", "아이폰으로 대동단

결.", "잡스관세음보살." 등의 반응을 보이며 박장대소했다.

국내에도 짝퉁 트위터가 많다. 대표적인 것이 청와대와 한나라당 짝퉁 트위터다.

2010년 6월 7일 청와대가 @BluehouseKorea라는 계정의 청와대 공식 트위터를 개설했다. 이후 이틀 만에 바로 '칭화대'라는 짝퉁 트위터가 등장했다.

공식 청와대 트위터는 '대한민국 청와대 공식 트위터입니다'로 시작한다. 가짜 청와대 트위터는 '대한민국 칭화대 공식 트위터입니다.'로 시작한다. 칭화대는 중국의 명문대학교인 청화대(淸華大)의 중국 발음이다. 그리고 사이트 계정은 '@BluehouseKorea'다. 실제 청와대 계정인 @BluehouseKorea와 언뜻 보면 똑같다. 그러나 짝퉁은 Blue에서 l자를 i의 대문자인 I로 써 소문자 l과 똑같이 보인다.

가짜 청와대 사이트는 현 정부를 패러디하는 글로 채워져 있다. 한 트위터 이용자가 "가카 용기를 가지시고 4대강을 중단하고, 섹검과 떡검을 정리하시고, 쪽팔리는 천안함을 들고 국제무대에 나서지 마시고, 우발적 전쟁으로부터 국민이 걱정하지 않게 하소서."라고 부탁하자 "가카께 전하기는 하겠지만 워낙 사오정이신지라…"라고 대답했다.

칭화대(짝퉁 청와대) 트위터(위)와
공식 청와대 트위터(아래)

오히려 진짜 청와대 사이트에 속지 말라는 글도 있다. "현재 트위터 상에 저희를 사칭하는 사용자가 있다는 국가정보원의 첩보입니다. BluehouseKorea(진짜 청와대 트위터)가 팔로할 경우 언팔하시기 바랍니다.”라고 밝혔다. 또 “우리를 언팔하시면 공무집행 방해죄에 해당한다”고 협박(?)하기도 했다.

《위키트리》는 청와대 패러디 계정이 생기자 곧바로 이를 보도했다. 보도 이후 짝퉁 트위터는 폐쇄됐다. 청와대의 항의가 있었기 때문으로 추정된다. 그러나 계정을 바꾸어 이틀 만에 부활했다. BluehouseKorea의 I를 소문자로 i로 고쳐 BiuehouseKorea로 거듭났다. 또 트위터 헤더 부분에 ‘대한민국 칭화대(청와대X)’라고 명기했다. 이로써 진짜 청와대 계정과 구별할 수 있게 됐다.

6월 11일 칭화대 트위터는 “[속보] 대한민국 칭화대 트위터가 정상 복구됐습니다. 국민과의 소통을 방해하려는 악의적인 무리의 가증스런 도발에도 불구하고 가카의 밀어붙이기식 삽질 정신으로 트위터 본사를 압박, 다시 국민 곁으로 돌아올 수 있었습니다. 가카 만쉐이~ 니뿅!”이란 트윗을 날렸다.

한나라당의 짝퉁 트위터인 '한나라r당'이 2010년 10월 13일 탄생했다. 한나라r당(@hannarardang)은 이날 "블루하우스 코리아와 우파 논객, 한나라당 의원 추천 받습니다. 박근혜, 이재오, 이명박 지지하시는 분 대환영입니다."라는 첫 트윗을 날리며 자신의 존재를 알렸다.

한나라r당은 4대강 사업에 대해 "사대강은 계속 팝니다. 요즘 걱정하시는 분들 많은데 강 위에 아파트를 짓고 아파트 때문에 물이 없어지면 인공하천을 다시 내면 됩니다."라고 밝혔다. 채소값 파동에 대해선 "값싸고 질 좋은 중국산 배추가 많이 들어와 참 다행입니다."라고 했다. 한나라r당은 또 생니를 뽑아 병역 회피 의혹을 받았던 MC몽이 조만간 입당할 것이란 소식을 전하기도 했다.

그런데 얼마 후 한나라r당은 돌연 트위터를 접겠다고 밝혔다. 한나라r당은 "오늘부로 기약 없는 휴면에 들어갑니다. 정부나 여당의 탄압은 없으나 제가 사랑하는 사람이 너무 불안해하네요. 정부를 어떤 식으로 비판해도 아무도 불안하지 않은 때가 오면 그때 돌아오겠습니다. 그동안 감사했습니다."라는 트윗을 남겼다. 이 같은 소식이 전해지자 트위터러들은 "맘 놓고 정부를 비판해도 될 날이 언제나 올까." 등의 멘션을 남기며 아쉽다는 반응을 보였다.

잠시 트윗을 접었던 한나라r당은 최근 다시 트위터에 복귀해 활발한 활동을 벌이고 있다.

한나라당 공식 트위터(위)와
한나라r당 트위터(아래)

"[충무공탄신일기념] 신에게는 아직 김해을이 남아 있
습니다. -ㅇㅅㅅ-"
"대통령이라는 자리는 원래 거짓말을 할 수밖에 없는 자
리입니다. 딱히 이승만, 박정희, 전두환, 노태우, 김영삼,
이명박 대통령님들한테 해당하는 건 아닙니다. 김대중,
노무현도 마찬가지고, 서태지도 마찬가집니다. 잘은 몰
라도 뽀로로도 그럴 겁니다."

한나라r당은 위의 트윗처럼 촌철살인의 유머와 수준 높은 패러
디로 트위터 이용자들의 사랑을 받고 있다. 그래서인지 진짜 한나라
당 트위터(@smart_hannara)보다 팔로어가 2배 이상 많다. 재치 있는
짝퉁이 진짜보다 더 잘 나가는 곳이 트위터이다.

:: 전두환 트위터?

최근에는 전두환 전 대통령의 짝퉁 트위터(@jdh800518)도 등
장했다. 프로필의 재산 소개가 눈길을 끈다.
'전두환' 트위터는 툭하면 "탱크 타고 광주 가고 싶냐.", "빨갱
이.", "탱크와 물총, 비비탄으로 갈겨주지.", "관악산 연주암에 삼청
교육대 건립할 예정." 등의 드립을 날리며 트위터러들과 활발한 맞
팔과 답글을 이어가고 있다.

수쿠크법과 관련해 논란이 됐던 조용기 목사에 대해 "우리 명박이의 정책을 방해하는 세력 여의도 순두부교회 조용기 먹사."라는 평가를 내렸다.

북한의 김정일 부자에 쌍욕을 날리는 전두환 트위터는 김대중 전 대통령, 노무현 전 대통령에 대해서도 "핵슨상 길대중, 부엉이바위 번지점프의 신 노무현."이란 트윗을 날렸다. 그리고 시도 때도 없이 "광주 사태는 일부 폭도들에 의한 반란이었다."라고 강변한다.

트위터러는 이 같은 패러디 계정을 심각하게 생각하지 않는다. 그냥 웃어넘긴다. 오히려 농담을 건다. 예컨대, 전두환 트위터가 "나는 명령밖에 몰라."라고 하자 한 트위터러는 "저에게도 명령을 내려주세요."했다. 그러자 전두환 트위터는 "김정일의 모가지를 때오도록."이라고 명령했다.

트위터는 이같이 패러디와 유머의 공간이다. 그런데 웃자고 하는 일에 죽자고 달려드는 사람들 꼭 있다. 그래서 더 웃길 때도 있지만 말이다.

짝퉁 전두환 @jdh800518의 트위터 화면

한국 트위터러들은 '오지라퍼'

한국 사람들은 확실히 오지랖이 넓다. '우리'라는 의식이 강하기 때문으로 보인다. 트위터나 페이스북에 자살을 암시하는 글이 올라오면 외국은 모른 체하는 경우가 대부분이다. 그러나 한국 사람들은 곧바로 대응한다. 무한 RT를 하며 그 사람을 구하려 한다. 마치 자살방지 특공대가 뜬 것 같다. 오죽했으면 인터넷에서 오지랖이 넓은 한국인을 일컫는 '오지라퍼(오지랖+er)'라는 신조어가 생겼을까?

'Took all my pills, bye bye':
Woman commits suicide on
Facebook... and none of her
1,082 online friends help

2010년 영국, 크리스마스 오후 10시, 사회복지사로 일하던 독신여성 사이먼 백(Simone Back, 42세)은 자신의 페이스북에 자살을 알리는 글을 올렸다. 그녀는 "내가 가진 약을 다 먹었다. 모두들 안녕(Took all my pills, bye-bye)"이라는 메시지를 자신의 페이스북에 남겼다. 백에게는 페이스북 친구가 1,082명이나 있었으나 정작 어느 한 명 나서서 경찰에 신고하지 않았다. 오히려 그녀의 온라인 친구들은 "거짓말."이라고 심드렁한 반응을 보였다. 이에 비해 한국의 트위터러들은 오프라인에서 생면부지의 남일지라도 트위터에서 이런 글을 본다면 무한 RT를 통해 자살을 막는다.

장면-2

2010년 2월 8일 오후 3시 50분께 박모 씨(29. 여)는 자신의 트위터에 "유서를 남깁니다. 아무도 관심 없겠죠."라는 트윗을 올렸다. 박 씨는 "아무도 오지 않을 곳이기를 알기에 이곳에 유서를 남긴다.

장례식 때는 국화꽃 말고 장미를 받았으면 하는 생각이 든다.”라고 덧붙였다. 이를 본 트위터 이용자들이 “왠지 심상치 않다.”, “불안하다.”, “자살을 막아 달라.” 등의 멘션을 달아 무한 RT를 했다.

트위터에 박 씨의 유서 소식이 알려지자 트위터 사용자들이 박 씨의 블로그로 몰려가 격려의 글을 쏟아냈다. 그가 운영하는 블로그 ‘거짓말 같은 시간’의 방문자수는 모두 7,000여 명, 이중 5,000여 명이 이날 하루 방문자였다.

방문자들은 방명록에 “트위터에서 보고 달려왔다. 아무도 없는 게 아니라 이렇게 많은 사람이 함께 하지 않느냐.”라며 자살하지 말 것을 당부했다. 블로그가 개설돼 있는 싸이월드 블로그 운영자도 다음과 같은 메시지를 남겼다. “안녕하세요. 박○○님, 싸이월드 블로그 운영자입니다. 더 기다려보시면 안 될까요. 조금만 더 힘내세요. 이렇게 박○○님을 생각하고 걱정하시는 분들도 많잖아요. 그리고 회원 여러분, 여러분이 박○○님의 포스팅에 대해 신고를 해주셔서 서울지방경찰청 사이버수사대에 도움을 요청드렸습니다. 부디 박○○님께 아무 일 없기를 기도합니다.”

신고를 받은 경찰은 트위터에 올라와 있는 글과 가족들의 협조를 받아 박 씨의 소재 파악에 나섰고, 이날 오후 늦게 박 씨가 있는 곳이 경기도 고양의 한 오피스텔이라는 사실을 확인했다. 경찰은 오피스텔에서 막 자살을 시도하려던 박 씨를 구해냈다. 경찰이 도착했을 무렵 박 씨는 출입문을 잠그고 거실에서 목을 매려 했다. 박 씨는 경찰의 설득 끝에 굳게 잠겨 있던 문을 열어줬다.

트위터에 유서를 쓰고 자살을 시도한 박 씨가 무사히 구조됐다는 소식이
전해지자 기뻐하는 트위터러들의 트윗들

경찰 관계자는 "경찰과 119 구조대가 현장에 출동했을 때 박 씨는 매우 불안정한 상태였다. 혼자 두면 무슨 일이 벌어질지 몰라 박 씨와 가족의 동의를 얻어 인근 병원으로 옮겼다."라고 밝혔다.

박 씨는 안정을 되찾은 뒤 "너무 죄송하다. 앞으로 열심히 살겠다."는 트윗을 남겼다. 그는 또 "아무도 넋두리를 들어줄 것 같지 않았다. 그런데 실로 놀라운 일이 벌어졌다."고 말했다. 트위터에서 아무도 들을 것 같지 않지만 듣는 사람은 반드시 있다.

"친형이 강원도 백골부대 2중대 3소대 이○○ 일병이에
요. 잘 봐주세요.
형 진짜 너무너무 사랑해. 그리고 미안해.
그리고 엄마 아빠, 먼저 가서 미안해. 항상 대들고 반항
했어도 사랑하는 거 알지?
내 반쪽 ○○○! 이 글 꼭 봤으면 좋겠다. 네가 만날 노래
하고 다닌 한양대 꼭 붙도록 기도할게. 재수하지 마!
종이가 없어서 유서를 트윗으로 남기네요. 정말 죄송합
니다."

4월 16일 이 같은 트윗이 트위터에 올라왔다. 이 트윗으로 트위
터는 발칵 뒤집혔다. 트위터러들은 "@ko+++++님이 트위터에 유서
를 쓰고 자살을 예고했습니다. 무한RT 부탁드립니다."라는 트윗을
날렸다.

트위터 아이디 @peacepeacekang은 "사이버수사대에 연락했고
군부대로 연락해보기로 했습니다."라고 밝혔고, @AndroidGame은
"제가 강원도 백골부대 근처 119로 전화해서 형님 분을 알아내어 그
분을 통해 동생의 자살을 막도록 하겠습니다. 중복되지 않게 조심스
레 서로 힘을 모읍시다."라는 트윗을 날렸다.

경찰청도 나섰다. 경찰청(@polinlove)은 "제보해 주신 자살 의심 트윗 확인중입니다. 새로운 사실 있으면 알려주세요."라고 답했다. 이날 밤 11시 40분께 경찰청은 "유서 쓰시고 자살 기도 하신 분 잘 계신다고 합니다."라는 메시지를 날렸다. 형을 통해 연락이 됐고, 형을 비롯한 가족들의 설득으로 자살을 막았다는 후문이다.

자살이 소동으로 마무리되자 @Ko+++++은 "군 관계자 분들, 경찰, 소방서, 그리고 트위터 친구 여러분들에게 정말 진심으로 사과드립니다. 정말 죄송합니다. 계속 나아가겠습니다. 이 밤에 우려 끼쳐드려 죄송합니다. 누구에게나 꽃이 필 날이 올 것이고 그날이 오면 세상 그 누구보다 더 행복하다는 사실을 명심하겠습니다. 다시 한 번 깊이 사과드립니다."라는 트윗을 남겼다.

이렇게 상황은 종료됐다. 모두가 안도의 한숨을 쉬었고, 당사자의 사과문으로 한 편의 자살 소동은 끝났다.

트위터에서는 자살 예고 트윗이 종종 나온다. 일각에서는 이 같은 트윗이 짜증난다는 비판도 있다. 자살할 거면 그냥 할 것이지 왜 트위터에 올리고 그러느냐는 것이다. 또 트위터에 글 올린 사람 치고 진짜 자살하는 사람 못 봤다는 말도 나온다.

그러나 트위터에 자살을 예고하는 것은 '대화를 하고 싶다'라는 것이기 때문에 작은 용기와 격려가 절실하다. 그래서 "그런 트윗을 볼 때마다 따뜻한 트윗을 날려보라."는 의견이 더 많다.

전문가들은 자살을 결심한 이들이 트위터 등을 통해 자신의 죽음을 예고하는 경우가 많은데, 이들이 정말 죽고 싶어서가 아니라 누군가 자신의 힘든 상황을 알아주길 바라는 마음을 드러낸 것이라고 분석하고 있다. 죽음에 대한 의지를 밝힌 것이지만 동시에 살려달라는 것을 간접적으로 표현한 것이란 얘기다.

가끔 한국인의 오지랖이 싫을 때가 있다. 그러나 아무도 신경 쓰지 않아 사람을 죽음에 이르게 한 영국인들보다는 낫다. 생명보다 더 중요한 것은 없기 때문이다. 한국의 오지라퍼들, 정말 못 말린다. 그러나 이런 오지랖은 계속돼도 좋을 것 같다.

:: 제5장 ::

트위터 사람들

이외수
"제 트윗은 RT하지 마세요"

2011년 6월 10일 현재 대한민국 트위터러는 약 400만 명이다. 인구 400만의 또 다른 대한민국, 트위터의 대통령을 꼽는다면 단연 작가 이외수 씨(@oisoo)일 것이다. 팔로어 수에서도 1위이고, 영향력 순위에서도 1위다.

6월 10일 현재 이외수 씨의 팔로어는 80만 명으로, 2위 가수 이동해(그룹 〈슈퍼주니어〉의 멤버) 씨의 50만 명을 크게 상회하고 있다. 리트윗을 기준으로 하는 영향력 순위도 단연 1위다. 영향력 순위를 매기는 코리안트위터닷컴에 따르면 이외수 씨가 1위, 그 뒤를 독설, 위키트리, 시골의사, 조국 교수가 잇고 있다.

그가 가장 많은 팔로어를 확보하고, 가장 많은 리트윗을 기록하는 이유는 그의 트윗이 트위터러들의 많은 공감을 얻기 때문이다. 이

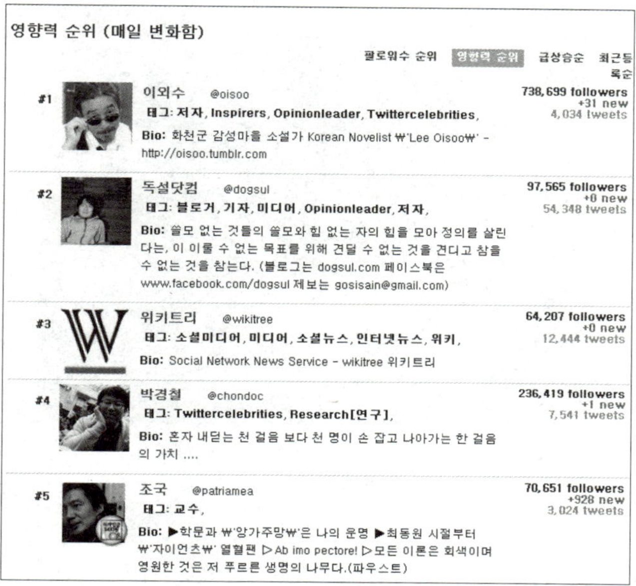

외수 트윗의 특징은 뛰어난 감성, 트위터에 최적화된 문체, 포복절도할 유머, 적극적인 사회 참여 등이다.

:: 트위터에 최적화된 문체

뛰어난 감성은 더 이상 논할 필요가 없다. 너무 많이 다뤄졌기 때문이다. 일단 그의 문체부터 보자. 그의 트윗 글은 젊은이들에게 환영받는다. 그는 1946년생, 올해로 만 65세다. 나이로는 '꼰대' 급이다. 그러나 그의 트윗 글은 20~30대의 것이다. 예컨대, "퍼거슨 영

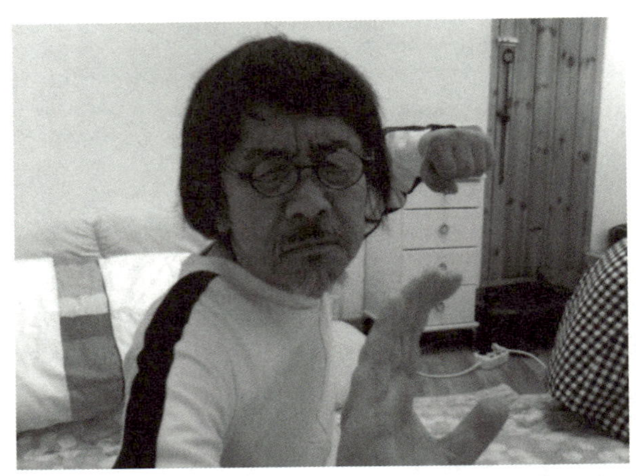

감탱이 72분 47초경 박지성 교체. 무슨 재미로 관전하라고.", "맨유 대 첼시전. 대한 남아 박지성의 득점으로 맨유가 2대 1로 앞서고 있습니다. 우캬캬" 등의 표현을 쓴다. 오프라인의 진짜 영감탱이들은 경박하게 저런 표현을 쓴다고 눈살을 찌푸릴 일이다. 그러나 트위터러는 이런 문체에 더 익숙하다. 따라서 더욱 친근감을 갖는다.

이외수 씨가 젊은이들이 쓰는 용어를 자유자재로 구사하는 것은 그가 장기간 인터넷 게시판에서 활동했기 때문이다. 그는 국내 최대 커뮤니티 사이트인 디시인사이드의 코갤(코미디프로그램 갤러리), 정사갤(정치사회 갤러리), 식물갤(식물 갤러리)까지 두루 섭렵한 뒤 트위터에 안주했다. 디시갤은 할 일 없는 사람들이 시간을 죽이는 대한민국 '잉여 인간'들의 천국이다. 물론 이런 잉여력이 새로운 문화를 창조한다. 디시갤 같은 놀이터에서 활동해 온 이외수 씨는 누구보다 인터넷 문법과 소통에 밝다.

스타일뿐이 아니다. 기술도 받쳐준다. 이외수 씨는 문체뿐만 아니라 웹에 업로드를 자유자재로 한다. 사진과 동영상을 능수능란하게 다루어 자신의 트위터에 '이외룡'이라는 사진을 올리고 자신이 직접 작곡한 소나타를 동영상으로 걸어둔다.

:: 포복절도할 유머 감각

또 그의 트윗은 재미있다. 지난 2월 27일 트위터를 포복절도케 하는 오타가 있었다. 이날 이외수 씨는 트윗픽에 다음과 같은 사진을 올렸다.

〈출처: @oisoo〉

한 트위터 이용자가 "그런데 저 발자욱은 혹시 님의 '자쉬'인지요?^^"라는 멘션을 붙여 이 사진을 리트윗했다. 물론 '자취'를 '자쉬'로 잘못 친 오타다. 발자욱도 발자국의 오타 또는 오기일 것이다.

이 멘션도 재밌지만 이외수 씨의 답변이 압권이었다. 이외수 씨는 이 트윗을 다시 리트윗하며 다음과 같은 멘션을 달았다.

"절대로 제 자쉬가 아닙니다. 제 자쉬는 약간 작습니다만 성능은 최고입니다^^"

이를 본 트위터 이용자들은 "이외수, 최고.", "외수옹 센스는 증말…", "날씨도 꿀꿀한데, 빵 터졌어요.", "자러 가야 하는데 너무 웃겨서 잠이 올려나 모르겠습니다." 등의 반응을 보이며 박장대소했다. 이외수 씨의 센스가 작렬하는 포복절도할 트윗은 수도 없이 많다.

:: **적극적인 사회 참여**

그가 진정 돋보이는 점은 정치사회적 이슈를 피하지 않는다는 점이다. 정치사회적 이슈에 침묵한다면 그는 한낱 '소셜 엔터테이너'에 불과할 것이다. 그러나 그는 적극적으로 정치 사회 문제에 개입한다.

@ 신라호텔 한복 출입 금지, "전라로 다니란 말이냐"
"한복이 위험하다니, 심청이 한복 뒤집어쓰고 인당수에
빠져 죽어서 그런 소릴 하시나요. 인당수가 신라호텔에

있나보군요. 상류층 중에는 아름다운 전통문화를 흉기처럼 생각하시는 분들도 계시는군요. 놀라운 견해입니다. 막말로 뻑이 갑니다."

"신라호텔, 한복 입은 손님 푸대접. 전라로 다니십시오, 라는 뜻인가요. 신라호텔은 전 건물이 침실화되어 있는 호텔인가 보군요. 아무리 정체성이 상실된 시대라 하더라도 이건 어처구니없다는 생각이 듭니다. 푸대접 기사가 낭설이나 착오였기를 빕니다."

@ 독도 문제 불거지자 "다케시마 엿 처드셈"

"일본이 독도가 지들 거라고 또 억지를 쓰고 있다. 거기 한 명의 일본인도 한 마리의 일본 원숭이도 살지 않는다. 파도도 한국어로 철썩철썩, 갈매기도 한국어로 끼룩끼룩. 내가 독도한테 물어 보았다. 너 일본 거냐. 독도가 대답했다. 다케시마 엿 처드셈!"

@ 타진요 "찌질이들아 너나 잘하세요"

"타진요(타블로에게 진실을 요구합니다) 운영자는 저를 똥물에 튀겨 버리고 싶다는 말까지 서슴지 않는군요. 실소를 금치 못할 지경입니다. 똥물에 튀겨서 직접 먹을 거라면 그렇게 하라고 말해 주고 싶습니다.

한때 문희준을 못 잡아먹어서 안달을 하던 악플러들, 문

희준에게 아무 잘못이 없다는 사실이 밝혀졌을 때도 사
과하거나 반성하지 않았습니다. 지금은 타블로를 못 잡
아먹어서 안달을 하는 악플러들이 있습니다. 그들에게
친절한 금자 씨의 대사를 빌려 '찌질이들아, 너나 잘하세
요'라고 말해주고 싶습니다."

@ MB에 직격탄 "쇠귀에 마태복음 읽어주는 격"
"잡겠다는 물가는 팔팔하게 살아서 길길이 치솟고, 살리
겠다는 경제는 시름시름 죽어서 싸늘하게 식어갑니다.
독설 일발 장전할까 하다가 포기해 버렸습니다. 구제역
으로 살처분한 쇠귀에 마태복음을 읽어주는 격일 테니
까요.
잘못된 세태를 한탄하는 글을 올리기만 하면 노망난 늙
은이가 또 지랄을 떤다고 비방하는 무리들이 있습니다.
노망난 거 인정하겠습니다. 하지만 머리가 녹슨 늙은이
보다 몇 배나 더 측은해 보이는 존재는 가슴이 녹슨 젊
은이입니다."

일부 트위터러들은 이에 대해 "말장난은 니가 1등이다."라며 비
판적 반응을 보였다. 그러나 압도적 다수는 "이외수님 춀오! 엄기영
에게도 한 말씀.", "역시 젊은이들이 닮고 싶은 인물 2위 답다."며 환
호했다.

우리 사회 원로급이 트위터에서 사회 문제에 대해 자신의 의견을 개진하는 사람은 이외수 씨가 유일하다. 다른 어른들은 트위터에 입성하지도 못하고 있다.

트위터의 담론을 주도하는 파워 트위터러들은 독설(@dogsul), 진중권(@unheim), 시골의사(@chondoc), 조국(@patriamea) 등이다. 다들 40대다. 이들이 사회 이슈에 대해 한마디씩 하면 이외수 씨도 살짝 거든다. 맘에 드는 트윗을 리트윗하거나 직접 자신이 한마디한다. 그러나 이들처럼 직설적이지 않다. 적절한 비유와 유머로 간접적으로 경종을 울린다. 같은 비판 글이지만 직설적인 것과 한 번 묵혀서 나오는 글은 그 울림이 다르다.

사실 인터넷 시대 이전, 이외수는 문단의 변방에 있었다. 그의 이미지는 문학가이기보다 도인 또는 기인에 가까웠다. 그런 그가 인터넷 시대에 접어들면서 가장 대중적인 문학가로 거듭났다. 더 나아가 '시대의 아이콘'이 되고 있다.

언젠가 타임라인에서 이런 글을 본 적이 있다. "이외수는 민주화 이전에는 찍소리도 못하더니 민주화되고 나니 나댄다."라는 뉘앙스의 글이었다.

실제 민주 대 반민주 시절 이외수는 두드러진 활동을 하지 않았다. 당시에는 이문열을 중심으로 하는 순수문학과 고은, 조정래를 중심으로 하는 참여문학이 대립했다. 말이 순수 대 참여지 보수와 진보, 반민주 대 민주의 대결이었다. 당시 회색분자는 설 곳이 없었다. 이외수 씨는 기본적으로 자유주의자다. 그에게 줄서기란 굴욕에 가

까운 일일 것이다. 또 모두가 투사가 될 필요는 없다. 그리고 그는 최
소한 독재에 협력하지 않았다.

민주화 이후 민주 대 반민주의 구도는 와해됐다. 참여와 순수의
구분도 거의 사라졌다. 이런 시대적 분위기 속에서 자유를 주창하는
이외수의 재발견이 이뤄지고 있다. 또 시대가 이성에서 감성으로, 논
리에서 공감으로 넘어가고 있다. 게다가 이외수는 다년간 인터넷에
서 잉여로 활동하면서 인터넷 문법을 숙지했다. 무엇이든 우연은 없
다. 인터넷 문법을 알지 못했다면 시대가 바뀌었어도 그가 이처럼 마
음껏 재능을 발휘하지 못했을 것이다.

:: **배려의 이외수**

필자는 '트위터 만인보' 이외수 편을 쓰기 위해 그의 트윗을 쭉
읽어 보았다. 그 가운데 한 트윗에서 눈을 뗄 수 없었다. 한참 동안
그 트윗을 바라보았다.

> "제 글은 RT하지 않아도 대부분의 트위터러들께 전송됩
> 니다. 많은 분들이 RT를 하게 되면 타임라인이 온통 제
> 글로 도배되어 공해가 될 가능성이 농후합니다. 공익적
> 인 내용의 멘션이나 제가 RT를 부탁드릴 때만 RT해 주
> 시면 안 될까요. 부탁드립니다."

대부분 트위터러들은 어떻게 하면 리트윗이 많이 날까 고민할 것이다. 리트윗은 자신의 영향력이기 때문이다. 이 트윗을 보는 순간, 전율이 왔다. 급이 다르구나.

가진 자의 여유라고 할 수 있겠다. 그러나 대부분 가진 자는 더 가지려 안달이다. 경지에 오른 사람들만이 이 같은 '배려'를 할 수 있다. 이외수 씨에게 수식어 하나를 더 추가해야겠다. '배려의 이외수'라고.

한국의 진정한 파워 트위터러는?

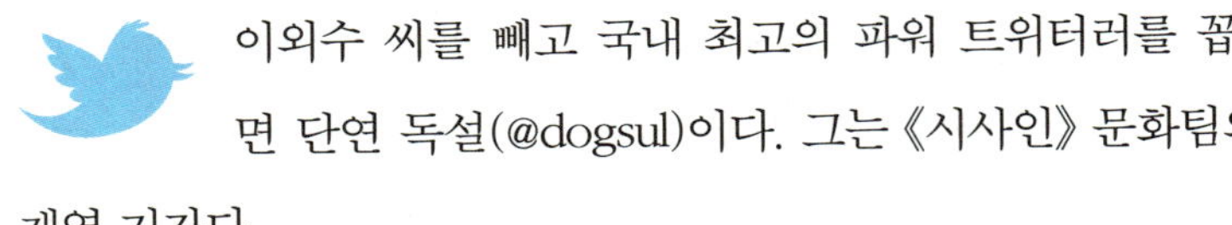 이외수 씨를 빼고 국내 최고의 파워 트위터러를 꼽으라면 단연 독설(@dogsul)이다. 그는 《시사인》 문화팀의 고재열 기자다.

트위터 영향력을 평가하는 코리안트위터닷컴에 따르면 2011년 6월 현재 국내 영향력 순위는 1위가 이외수, 2위가 독설, 그 뒤를 시골의사(박경철 씨), 김주하 기자, 조국 서울대 교수 등이 잇고 있다.

이외수 씨를 제외하고 독설이 가장 영향력이 크다. 더 의미 있는 것은 독설은 오프라인에서 유명인사가 아니라는 점이다. 시골의사와 조국 교수과 김주하 기자는 오프라인에서의 명성이 트위터로 이어진 경우다. 그러나 독설은 트위터로 유명인이 됐다. 진정한 '파워 트위터러'다.

그가 트위터에서 막강한 영향력을 키운 이유는 트위터를 선점한 점, 재기발랄하고 신랄한 트윗, 진정한 소통을 하기 때문이다.

그는 국내 트위터 초기 세대다. 이외수 씨가 트위터를 평정하기 전까지 '한국 트위터' 하면 떠오르는 인물이 독설이었다.

그의 트윗은 신랄하다. 당하는 사람은 아프겠지만 구경꾼들에게는 엄청난 쾌감을 안겨준다. 게다가 유머까지 장착하고 있다. 예컨대, 이런 식이다. "참으로 엄처구니 없는 선거 결과가 아닐 수 없습니다. 물론 제가 줏대 없이 한나라당으로 옮기영 해서 실망하셨을 겁니다. 제가 엄큼하게 꼼수를 쓴 것도 인정합니다. 암튼 엄기영부영해서 당선되어볼까 했는데 재수 엄붙었습니다.", "강재섭-엄기영 가상 대화: '이 엄큼아! 너 땜시 재수 엄붙었어!' '뭐라고? 참으로 엄처구니 없는 일이 아닐 수 없습니다. 넌 강 재섭서~~~'"

'원조 독설' 가수 신해철과의 논쟁도 화제였다. 트위터 독설과 원조 독설은 MBC 〈나는 가수다〉 김건모 탈락 이슈와 관련, 트위터에서 논쟁을 벌였다.

신해철은 "국민가수 김건모가 체면불구하고 한번만 부를게요 한 게 '처철'한 게 아니라 '찌질'한 거라니. 이러다 김건모 자살하면 묘비에 노래 부르려다 맞아 죽었다고 적어야 하나."라며 김건모를 두둔했다. 그는 또 〈나는 가수다〉가 룰을 어겼다는 지적에 대해서도 "원칙? 대상의 차이를 파악도 인정도 못하고 원칙을 외치는 건 정의를 가장한 폭력이다."라며 직업 가수의 서바이벌 자체를 인정하지 않는 발언을 했다.

독설은 이에 대해 "나는 신해철과 다르게 생각한다. 신해철은 왜 가수들을 검투사처럼 원형경기장에서 싸우게 하느냐고 비난했다. 하지만 당신들은 오디션 프로그램에서 예비 가수들을 싸움 붙여 놓고 황제처럼 살리느냐 죽이느냐 심판했다. 왜 그들은 되고 당신들은 안 되는가? 스타의 존재 기반은 대중이다. 그 대중에게 평가받는 것에 왜 자존심을 상해하는가? 노래 10년 20년 불렀다고 해서 음악의 신이 되는 게 아니다."라고 일갈했다.

트위터러들은 독설의 일갈에 열광했다. 이렇듯 독설은 쾌도난마로 상대를 제압한다. 좌고우면하지 않는다. 트위터러들이 그의 트윗에 열광하는 이유다.

:: 나를 'RT 자판기'로 보는 것 같다

그의 트윗 자체도 매력적이지만 그의 진가는 쌍방향 소통에 있다. 그는 문광부가 운영하는 《정책공감》과 인터뷰에서 "소위 유명인이 운영하는 트위터의 경우, 자기 글이 많은 데 반해 저는 1/4 정도만 제 글이고, 나머지는 유통이라고 보시면 돼요."라고 밝혔다.

실제 그는 자신이 생산한 트윗보다 남의 글을 리트윗한 것이 더 많다. 이 때문에 스스로를 'RT 자판기'라고 부른다. 그는 언젠가 자신의 트위터에 "사람들이 나를 RT 자판기로만 보는 것 같다."고 하소연한 적이 있다. 그가 리트윗을 잘해주기 때문에 하루에 100여 건의 RT 부탁이 들어온다고 한다.

독설의 하소연을 접한 트위터 이용자들은 일단 "RT 자판기라는 표현이 너무 재미있다."며 박장대소했다. 그리고 "사업화하세요, 한 건에 100원. 100곱하기 10만… 대박!", "ㅋㅋㅋ 웃자고 한 말씀 같지는 않으나 너무 웃겨요~~~", "자판기는 대가를 지불해야 상품이 나오죠. RT해주시고 100원씩 받아 불우이웃돕기에 사용하심이.ㅋㅋ" 등의 멘션을 달며 즐거워했다.

독설의 트윗이 신랄한 만큼 구설에 오르는 경우도 있다. 2011년 4월 3일 트위터에서 독설을 언팔(unfollow)하자는 제안이 나왔다. 트위터 이용자 @na++++은 "여성, 장애인 등 소수인 비하 발언과 성희롱을 일삼는《시사인》기자 독설 언팔 운동을 제안합니다. 그간 수차례의 논란으로 다수의 사람들에게 피해를 끼쳤음에도 정정이 없었습니다. 독설 기자가 정식으로 사과할 때까지 계속합니다."라는 트윗을 날렸다. 이 트윗은 적잖은 리트윗이 났다.

독설은 자신의 블로그를 통해 입장을 밝혔다.

> "트위터에서 반페미니스트가 되었다. 대략 세 가지 일이
> 있었다.

하나는 지하철에서 여성들이 미니스커트를 핸드백 등
으로 가리고 올라가는 것에 대해 패션적으로 우스꽝스
러운 일이라고 비판했던 일이다. 자기가 주체 못할 옷을
입고 남자들을 잠재적 성범죄자로 가정하면서 그렇게
하는 것은 한국만의 특이한 모습이라고 생각해서 언급
했다. 외국 여성들도 짧은 옷을 입지만 그것을 주체 못
해서 그런 모양새를 취하지는 않기 때문이다.

다음은 성형외과 광고에 대한 것이다. 어느 날 압구정역
에 내려서 보니까 성형외과 광고들이 많았다. 비포 & 애
프터 식으로 광고를 했는데, 완전 인간 개조 수준이었다.
그래서 트위터에 올렸다. '여자는 두 번 태어난다. 한 번
은 산부인과에서, 다른 한 번은 성형외과에서'라고. 한국
여성들의 성형수술 행태를 비꼰 말이었는데, 역시 반페
미니스트 드립으로 찍혔다. 그래서 수정해 주었다. '인간
은 세 번 태어난다. 한 번은 산부인과에서, 한 번은 성형
외과에서, 마지막 한 번은 포토샵에서'라고. 〈중략〉
한 가지 더! 어느 날 트윗에서 아주 열 받는 일이 있어서
'정박아 같은 놈'이라는 표현을 썼다. 트윗 친구들의 지
적을 받아들여 사과를 했지만 그 이후로 장애인 비하자
로 찍혔다. 다들 조심들 하시라...

그냥 이게 나다.

나는 트위터에서 이 정도 생각은 이야기할 수 있다고 생

각한다.

물론 내가 잘못 생각하고 있을 수도 있다.

하지만 사람이 어떻게 '옳은 생각'만 갖고 사나, 공자도

아닌데.

내 입장은 그냥 '이런 나를 싫어해라'라는 것이다.

나보고 바꿔라고 강요하지 말고…

나는 나다."

독설닷컴 바로가기: http://bit.ly/h6ezMv

트위터러들은 이 사건과 관련, "독설이 함부로 말하는 경향이 있다."는 의견과 "트위터에서 그 정도의 발언은 충분히 할 수 있다. 스스로 언팔하면 될걸 언팔 운동을 제안한다는 것 자체가 웃기다." 라는 의견으로 갈렸다.

독설의 팔로어는 약 10만 명이다. 본인이 부인할지라도 이미 미디어다. 독설이 좋아서 팔로우하는 사람이 대부분이겠지만 그렇지 않은 사람도 있다. '대체 무슨 이야기를 하기에?' 하는 호기심에서 그를 팔로우하는 사람도 있을 것이다. 그가 원하건 원치 않건 독설의 트위터는 미디어다. 미디어라면 말을 조심해야 한다.

그러나 결국 선택은 독설의 몫이다. 자신이 자신의 트위터를 미디어라 생각하지 않으면 그만이다. 그의 독설이 싫은 사람은 언팔하면 된다. 그는 이와 관련, 분명하게 자신의 입장을 밝혔다. 독설은 "조심 좀 하지… 트위터에 왜 그렇게 막 내지르냐는 분들이 많으신

데… 저는 트위터를 이런 공간이라고 생각하기 때문입니다."라고 밝
혔다.

　필자는 독설의 판단을 존중한다. 독설에서 독설을 빼면 독설이
아니기 때문이다.

진중권, 트윗이 바로 기사

 트윗이 바로 기사인 트위터러가 있다. 문화평론가 진중권 교수(이하 존칭 생략)다.

필자는 진중권(@unheim)이 막강한 파워 트위터러라고 본다. 그러나 이를 수치로 증명할 방법이 없다. 한국 트위터러의 팔로어 수와 영향력을 평가하는 코리안트위터닷컴에 진중권이 아예 포함되지 않기 때문이다. 아마도 그의 트위터 로케이션이 한국이 아니기 때문인 것 같다. 그는 현재 필리핀에 거주하고 있는 것으로 알려졌다.

하지만 필자의 체감지수로는 진중권의 트위터 영향력은 엄청나다. 트위터 리트윗 수를 집계하는 followkr.com에서 그의 트윗은 항상 최상위권에 올라와 있다. 그리고 트위터에 집중하는 《위키트리》가 가장 많이 기사로 다룬 트위터러가 바로 진중권이다. 《위키트리》

가 지금까지 다룬 진중권 기사는 모두 68건이다. 한국의 트위터 지존이라는 이외수 씨(35건)보다 두 배 가까이 많다.

진중권의 기사가 압도적으로 많은 것은 그가 거의 모든 이슈에 대해 자신의 견해를 밝히기 때문이다. 《위키트리》는 진중권의 트윗을 그대로 인용, 보도한 적이 많다. 이뿐 아니라 그는 스스로가 이슈가 될 때도 있다. 그는 심형래 감독의 영화 「라스트 갓파더」가 개봉했을 때 이른바 '심빠'(심형래를 지지하는 사람들)와 전쟁을 벌였다. 당시 그는 뉴스 평론가가 아니라 뉴스 메이커였다.

그의 트윗은 완성도가 아주 높다. 바로 기사화해도 전혀 무리가 없다. 필자는 그의 트윗에서 오탈자를 본 기억이 없다. 문학가인 이외수 씨도 오탈자를 낸다. 이외수 씨는 이명박 대통령을 비판하는 트윗에 "독설 일발 장진할까 하다가 포기해 버렸습니다."라고 썼다. 그는 "장진이 아니라 장전"이라며 오탈자를 수정하는 트윗을 다시 날렸다. 그러나 진중권 씨는 거의 오탈자를 내지 않는다. 그가 트윗에 상당한 공을 들인다는 증거다.

그의 트윗은 워낙 신랄하고 직설적이기 때문에 그를 싫어하는 '안티'도 많다. 그러나 그의 견해에 동의한다면 그만큼 논리적이고 통쾌한 트윗을 하는 트위터러는 대한민국에 없다.

나라를 심하게 사랑하거나 심형래를 지나치게 좋아하는 심빠들은 진중권에 대해 체질적 반감을 가지고 있을 것이다. 그러나 대부분 트위터러들은 진중권의 트윗에 열광한다. 그의 트윗이 매일 followkr.com 최상위권에 랭크되는 것이 이를 증명한다.

그는 거의 모든 현안에 자기 목소리를 낸다.

@ 엄기영 불법콜센터 운영 의혹에 대해
"흠…. 엄기영 후보…. 도지사가 되기도 전에 강원도에 일
자리를 무려 33개나 만들어냈군요."

@ 일부 원로 목사들의 일본 지진 발언에 대해
"이런 정신병자들이 목사 질을 하고 자빠졌으니… 더 큰
문제는 저런 헛소리를 듣고 '아멘, 할렐루야' 외치는 골
빈 신도들… 저런 건 종교가 아니라 집단 히스테리죠.
치료를 요하는 정신의 질병입니다."
"조용기 목사의 종말론 설교. 가관입니다. 근데 이분은
왜 11년이 넘도록 휴거를 안 하고 이 땅에 거하시는지…
'조용기 목사 휴거 추진위원회'를 결성해야겠네요. 기술
적으로 어렵지 않아요. 나로호 발사할 때 위성 옆에 목
사님 자리 마련해 드리면 됩니다."

@ 안상수 한나라당 대표가 5 · 18 묘지 상석에 발을 올려
놓은 것에 대해
"그 새를 못 참고 보온 안상수 선생이 또 사회적 통념을
전복하는 아방가르드 퍼포먼스를… MB와 안상수, '상
식'만 짓밟는 게 아닙니다. '상석'도 밟습니다. 한 가지

궁금한 거… 안상수 씨 가문에선 제사상에 족발도 올리
나요?"

@ 안형환 한나라당 대변인의 "민주당 장외집회가 구제역
확산에 일조했다"는 발언에 대해
"구제역 확산의 원흉은 '전국노래자랑'이다."

@ 오세훈 서울시장의 무상급식 광고에 대해
"오세훈 시장 본인이 모델로 나서는 게 좋았을 뻔… 사진
빨 잘 받는 편이잖아요. 현직 서울시장, 대한민국 붕괴를
막기 위해 옷을 벗다… 해외 홍보도 잘 될 거 같은데…
식판으로 거기를 가린 시장님 모습을 상상하며…"

@ 한국의 정당들은?
"진보신당은 사회주의 취미 동호회, 민주노동당은 종북
주의 결사체, 참여당은 노빠 결집체, 민주당은 구제불능,
한나라당은 산업폐기물"

진중권의 독설은 여기서 그치지 않는다. 전투 모드에 들어갈 때
그의 독설은 더욱 신랄해진다. 진중권은 심형래의 「라스트 갓파더」
와 관련, "한 번 불량품을 판 가게에는 다시 들르지 않는 버릇이 있
어서 이번엔 봐드릴 기회가 없을 거 같네요."라고 밝혔다.

이후 심빠들이 진중권의 트위터에 몰려가 융단폭격을 퍼부었다. 진중권은 이들에게 일일이 맞대응을 하는 과정에서 인신공격성 발언도 서슴지 않았다. "님의 모자라는 아이큐를 왜 내가 책임져야 할까요.", "듣자 하니 심형래 감독의 「라스트 갓파더」라는 영화가 끝내준대요. 그거, 보세요. 님 수준에도 딱 맞을 것 같구요.", "그런데 다른 감독 팬들은 까든 말든 다 조용한데, 유독 너그들만은 왜 그러시는 거예요?", "이제 곧 50이나 쳐드실 분이… 벌써 노망이 나시면 안되쥬… ㅉㅉㅉ" 등 막말을 쏟아냈다.

이 와중에 진중권은 여고생의 외모를 들먹이는 발언도 했다. 한 여고생이 그에게 "영화평은 상관없는데… 솔까말(솔직히 까놓고 말해서) 다른 분들을 비하하는 말투는 좀 기분 나쁘네요. 당신의 그런 태도도 나라망신이 될 수 있다는 생각은 혹시 해보셨나요?"라고 질문하자 "나라 사랑 조금만 덜 하시면 똑똑해 보일 얼굴이에요."라고 답했다. 나이 어린 여고생인데, 이건 좀 심했다는 것이 전반적인 관전평이었다.

그러나 여기서 중요한 것은 진중권을 도발한 것은 심빠라는 점이다. 진중권의 트윗은 "가는 말이 고와야 오는 말이 곱다."는 진리를 정확히 보여준다. 그는 받은 만큼 반드시 돌려준다. 특히 그를 가르치려 들면 두 배로 복수한다.

'파워 트위터러' 독설이 'RT 자판기'라면 진중권은 '트윗 자판기'다. 트윗을 넣으면 곧바로 트윗이 나온다. 그 속도와 완성도가 놀라울 따름이다. 진중권의 트위터에 어떤 트윗을 넣어야 할까? 만일

그와 잘 놀고 싶다면 약간의 예의와 최소한의 정성을 담아야 한다.

사실 진중권은 굉장히 친절한(?) 트위터러다. 필자는 아직까지 진중권만큼 친절한 트위터러를 본 적이 없다. 팔로어들의 멘션에 일일이 답해주는 트위터러는 많지 않다. 필자도 팔로어들의 멘션에 일일이 답하지 않는다. 특히 대답하기 곤란할 때는 일부러 못 본 척한다. 그러나 진중권은 일일이 답해 준다. 그의 정력이 놀라울 뿐이다. 한 트위터러는 이렇게 평가했다. "정말 '친절한 중권 씨'"라고.

트위터의 한계는 어디까지일까?

:: 트위터러는 '우물 안 개구리'

트위터의 최대 약점은 무엇일까? 일단 시간을 너무 많이 뺏긴다는 점을 들 수 있겠다. 트위터 자체가 업무가 아닌 한, 트위터로 소통하는 데 너무 몰두하다 보면 생업에 지장을 줄 정도에 이르기도 한다. 실시간으로 변화하는 흐름을 감지하고 들여다보게 되는지라 적어도 몇 분마다 한 번씩 트위터 화면을 보게 된다. 하지만 좋아서 한다는데 이를 비판할 수는 없을 것이다.

필자는 이렇듯 중독성이 강한 트위터에 구조적이고 치명적인 약점이 두 가지 있다고 본다. 첫째는 트위터에서만 놀다 보면 '우물 안 개구리'가 될 수 있다는 점이고, 둘째는 의견이 한 방향으로 쏠릴

수 있다는 점이다.

'우물 안 개구리'론의 근거는 이렇다. 성향이 비슷한 사람들끼리 팔로우하기 때문에 다른 의견을 접할 기회가 적어진다. 자신과 의견이 다르면 언팔하거나 블록을 해 버린다. 싫은 소리를 하면 그냥 언팔하시라고 당당히 말한다. 이게 과연 진정한 소통일까? 진정한 소통은 자신의 반대자와도 의견을 나누는 것이 아닐까?

그리고 트위터는 의견 쏠림 현상이 있다. 인터넷 댓글을 예로 들어 보자. 인터넷은 어떤 사건에 찬성 또는 반대하는 댓글이 표출되는 기회가 동등하다. 그러나 트위터는 그렇지 않다. 공감을 많이 얻은 트윗은 많은 리트윗이 나기 때문에 타임라인에 표출될 기회가 많다. 그러나 공감이 적은 글은 리트윗이 많이 일지 않아 표출 기회가 적어진다. 주류 의견은 확대재생산 되는 데 비해 소수 의견은 축소되는 구조다. 오히려 인터넷 댓글이 노출의 측면에서는 공평하다.

2010년 10월 채소값이 폭등했을 때, 트위터에서는 채소값 폭등은 구조적인 문제라는 지적이 압도적이었다. 4대강 사업으로 강변 경작지가 감소했기 때문이라는 논리였다. 구조적 문제이기 때문에 채소값 폭등이 오래갈 것이라고 예견됐다. 실제 낙동강 하구 지역에 경작지가 줄어든 것을 보여주는 위성사진이 증거로 제시되기도 했다. 4대강 사업 반대 정서와 맞물려 이 논리는 트위터를 지배했다. 당시 수급불균형에 따른 일시적 문제라는 주장은 설 땅이 없었다. 그로부터 8개월 후 채소값 폭락으로 농민들이 시름에 잠겼다. 일부 지역에서는 밭을 갈아엎는 풍경도 연출되었다.

2010년 10월 포기당 평균 1만 3,000원 선이었던 배추값(도매시장 기준)이 1,600원대로 곤두박질쳤다. 2011년 5월 농수산물유통공사가 전국 5대 도시 채소류 도매가격을 조사한 결과, 주요 채소류 가격이 전년 대비 50% 이상 급락했다.

채소값이 폭락세로 돌아선 것은, 공급은 늘어난 반면 수요가 줄었기 때문이다. 일단 날씨 덕분에 작황이 좋다. 게다가 지난해 채소값이 급등하자 농민들이 너도나도 채소 재배에 뛰어들었다. 정부에 따르면 전국 배추 재배 면적과 양파 재배 면적은 전년 대비 각각 24%, 3.9% 증가했다. 더욱이 한 달여 전부터 수입 배추가 시중에 대거 풀렸다. 이에 비해 구제역 사태로 육류 소비가 줄면서 덩달아 채소 수요도 큰 폭으로 떨어졌다.

결국 지난해 채소값 급등은 강변 경작지 감소에 따른 구조적 현상이 아니라 수급불균형에 따른 일시적 현상이라는 사실이 증명됐다. 하지만 2010년 10월의 트위터에서는 채소값 폭등이 수급불균형에 따른 일시적 현상이라는 지적은 전혀 먹히질 않았다. 그런 주장을 하면 정부의 4대강 사업을 찬성하는 사람으로 '찍힐' 분위기였다. 이처럼 트위터는 한 방향으로 의견 쏠림이 나타날 수 있는 위험성을 갖고 있다.

이런 구조적 약점이 있음에도 트위터는 엄청나게 강력한 도구다. 트위터 자체가 언론이기 때문이다. 특유의 속보성과 응집력으로 이미 세상을 바꾸고 있다. 각종 선거, 홍대 사태, 한지수 석방, 신라호텔 사건 등 트위터는 각 분야에서 사회 변혁의 원동력이 되고 있다. 앞으로 펼쳐질 총선과 대선 공간에서 엄청난 영향력을 발휘할 것이다. 단언컨대, 트위터를 잡지 못하면 선거에서 승리하지 못할 것이다. 경제 분야도 마찬가지다. 기업도 트위터러들과 소통하지 않으면 살아남기 힘들 것이다.

20년 전 PC가 세상을 바꾸었다. 10년 전 인터넷이 세상을 바꿨다. 이제 트위터 등 SNS가 세상을 바꾸고 있다.

∷ 트위터 저작권 어떻게 할 것인가?

트위터의 저작권은 아직 명확히 정리되지 않았다.

모든 트윗은 공개를 전제로 하기 때문에 무조건 가져다 써도 되는 것일까? 아니면 당사자의 동의 아래 가져다 써야 하는 것일까?

《위키트리》는 이와 관련, 나름대로의 노하우가 있다. 《위키트리》는 트위터 등 SNS 중심 매체를 목표로 출범을 했기 때문에 트위터 상에서 저작권과 관련, 수많은 시행착오를 겪었다.

일단 결론부터 말하면 《위키트리》는 당사자의 동의 없이 트윗을 가져다 쓴다. 트윗은 공개를 전제로 하는 것이라고 판단하기 때문이다.

이미 영국에서 의미 있는 판결이 하나 나왔다. 2011년 2월 8일 영국에서 개인의 트윗을 신문, 잡지 등에 옮기더라도 사생활 침해에 해당되지 않는다는 결정이 나왔다.

　　한국의 언론중재위원회에 해당하는 영국 신문-잡지고충처리위
원회는 이날 사라 배스커빌이라는 여성 공무원이 자신의 트윗을 인
용해 기사를 실은 일간지 두 곳을 상대로 제기한 민원에서 "(트위터
의) 트윗은 사적인 영역을 벗어난 것."이라고 판단했다.

　　배스커빌은 6일 자신이 근무 시간이지만 숙취 상태라는 트윗을
날렸다. 일간지《데일리메일》과《인디펜던트》가 이를 인용, 기사화했
다. 그러자 배스커빌은 이들 신문이 자신의 사생활을 침해했다며 민
원을 제기했다. 그녀는 자신의 트윗은 사적인 것으로 자신의 팔로어
(700명)에게만 공개돼야 한다고 주장했다.

　　두 신문은 이에 맞서 트윗은 단지 팔로어에게만이 아니라 누구
에게나 공개되는 것이라고 맞섰다.

　　신문-잡지고충처리위원회는 "트윗은 팔로어 외에 다른 사람에
게 리트윗될 수 있기 때문에 잠재적인 독자는 팔로어보다 훨씬 광범
위하고, 트윗은 기본적으로 공개를 전제로 한다."며 "개인의 트윗이
매우 제한된 사람을 대상으로 했다고 하더라도 이를 일간지에 게재
한 것은 사생활 침해에 해당되지 않는다."고 판결했다.

　　《위키트리》는 이 같은 결정이 나오기 전에도 트윗을 당사자의
사전 동의 없이 가져다 썼다. 이에 따라 부작용도 만만치 않았다. 아
무리 공개를 전제로 한다고 해도 왜 남의 트윗을 사전 동의 없이 가
져다 쓰느냐는 항의가 나왔다. 실제 한 트위터러는《위키트리》언팔
운동을 제안하기도 했다. 그는 아이디를 대면 대부분 알 만한 파워
트위터러다.

　그러나 《위키트리》는 계속해서 사전 동의 없이 개인의 트윗을 가져다 썼다. 위에서 밝힌 대로 트윗은 일단 공개를 전제로 한 것이고, 또 해당 트위터러의 동의 없이도 기사화 할 수 있다고 판단했다. 왜냐면 언론사는 취재권이 있기 때문이다. 이는 헌법에 보장된 권리다. 만약 취재권이 없다면 언론은 존재할 수 없을 것이다. 예컨대, 대통령이 자신에게 비판적인 기사를 쓰지 말아 달라고 해도 언론은 기사를 쓴다. 이는 취재권이 있기 때문에 가능한 것이다.

　그래도 문제는 남는다. 남의 트윗을 사전 동의 없이 가져다 쓰는 것이 법률적으로 문제가 없더라도 도덕적으로는 문제가 있다. 사전 동의 없이 트윗을 가져다 쓰는 것은 '결례'이기 때문이다. 트위터는 평판이 아주 중요하다. 만약 트위터에서 《위키트리》는 사전 동의 없이 트윗을 마구 가져다 쓴다며 언팔 운동이 대대적으로 일었다면 《위키트리》는 트위터에서 퇴출됐을 것이다.

　그러나 트위터러들은 《위키트리》에 우호적이었다. 처음에는 사전 동의 없이 트윗을 가져다 쓰는 것에 대해 불만을 표출하던 트위터러들이 어느 순간부터 《위키트리》가 자신의 트윗을 인용했다고 자랑하기 시작했다.

　《위키트리》는 매주 금요일 '금주의 트위터 이슈 5가지'와 '금주의 트윗픽 베스트 10'을 선정한다. 특히 트윗픽 베스트 10은 인기 있는 코너다. 최근 트위터러들은 자신이 트위터에 올린 트윗픽이 《위키트리》의 트윗픽 베스트 10에 선정되면 "내 것이 1등이다.", "3주 연속 트윗픽 베스트 10에 선정됐다." 등의 멘션을 달아 해당 기사를 리트윗한다. 한때《위키트리》언팔 운동을 제안했던 트위터러도 지금은《위키트리》의 기자가 됐다.

이것은《위키트리》가 트위터 여론을 충실히 반영하고 있기 때문으로 분석된다. 만약《위키트리》가 트위터 여론을 왜곡하고 있다면 이런 현상은 절대 일어나지 않았을 것이다. 예컨대, 트위터를 '음란물 유포 채널'이라고 폄하한 언론사에서 이렇게 한다면 트위터러들은 항의를 쏟아낼 것이다.

대신《위키트리》는 반드시 출처를 밝혔다. 또 해당 기사를 트위터에 보낼 때 원작자의 트위터 계정이 자동적으로 붙게 해 놓았다. 이는 아주 중요한 장치다. 원작자의 트위터 계정이 자동적으로 붙음에 따라 원작자에게《위키트리》가 트윗을 인용했음을 공지하고, 원작자를 명기함으로써 그의 트윗이 리트윗되는 효과가 나도록 했다.

물론 지금도 왜 사전 동의 없이 남의 트윗을 가져다 쓰느냐는 항의가 간간이 들어온다. 그러나 위와 같은 설명을 하면 대부분 수긍한다. 결국 가장 중요한 것은 평판이다. 물론 이 사례를 전체에 적용할 수는 없다. 트위터 저작권 문제는 아직 명쾌하게 해결되지 않았다. 이 글이 트위터의 저작권을 어떻게 할 것인가에 대한 논의의 단초가 됐으면 좋겠다.

트위터 만인보

140자 세상의 사회학

초판 1쇄 발행 2011년 7월 15일

지은이 | 박형기
펴낸이 | 조영남
펴낸곳 | 알렙

편집 | 김민승
디자인 | 김상보
종이 | 페이퍼릿
인쇄 | 대덕문화사
제본 | 창림 P&B

출판등록 | 2009년 11월 19일 제313-2010-132호
주소 | 서울시 마포구 합정동 373-4 성지빌딩 615호
전자우편 | alephbook@naver.com
트위터 | @alephbook
전화 | 02-325-2015
팩스 | 02-325-2016

ISBN 978-89-965171-3-9   03300

• 책값은 뒤표지에 있습니다.
• 잘못된 책은 바꾸어 드립니다.